되게 하는 힘

,

해내는
감각에
관하여

일러두기

1. 본문에 자주 등장하는 '광고주'는 개인이 아닌 광고를 의뢰한 회사를 통칭한다. 광고회사는 광고대행사를 지칭하며, 맥락에 따라서 이 둘 모두를 사용한다.
2. 독자들에게 생소한 광고회사 직급 중 AE(Account Executive)는 광고 기획자, CD(Creative Director)는 광고 제작 디렉터, ECD(Executive Creative Director)는 제작 총괄 디렉터를 의미한다.

되게 하는 힘, 해내는 감각에 관하여

1판 1쇄   2023년 8월 11일

지은이   신철상
펴낸이   김형필
디자인   김희림
펴낸곳   북인어박스
주소   경기도 하남시 미사대로 540 (덕풍동) 한강미사2차 A동 A-328호
등록   2021년 3월 16일 제2021-000015호
전화   031) 5175-8044
팩스   0303-3444-3260
이메일   bookinabox21@gmail.com

ⓒ 신철상, 2023

책값은 뒤표지에 있습니다.
ISBN 979-11-976170-8-9 03320

북인어박스는 삶의 무기가 되는 책, 삶의 지혜가 되는 책을 만듭니다.
출간 문의는 이메일로 받습니다.

되게 하는 힘 ,

해내는
감각에
관하여

신철상 지음

북인어박스
book in a box
Publishing House

차례

'하는 것'과 '해내는 것'의 차이

1995년 12월 어느 날, 옆에 앉았던 응시자의 달변에 위축된 마음으로 금강기획의 입사 면접을 보았던 나는, 2021년 최고경영자로서 마지막 소임을 끝으로 짧지 않은 광고대행사 생활을 마무리했다. 그 중간에 잠시 외국계 기업 마케팅 담당자로 옮겨 일한 것을 포함하면, 약 26년간 광고와 마케팅 일을 해왔다.

내게 광고대행사 입사는 일종의 사고였다. 학부와 대학원을 마치는 동안 취업을 생각해본 적 없었고, 전공 또한 정치학이었던 터라 광고대행사와 거리가 멀었다. 하지만 박사과정을 준비하는 과정에서 집안 사정이 빠르게 기울면서 포기해야 했는데, 그야말로 우연히 광고회사에 지원했다. 그러고는 덜컥 합격했다. 요즘에는 광고대행사가 무엇을 하는 곳인지 많이들 알고 있고, 또 대기업 계열 광고대행사의 경우 취업준비생들 사이에서 여전히 인기가 좋다. 하지만 내가 입사할 때만 하더라도 광고대행사에 관한 정보가 부족했고, 특히 금강기획은 현대그룹 계열 광고대행사였음에도 금강제화의 계열사가 아니냐는 오해를 받기도 했다. 그때나 지금이나 금강제화는 좋은 회사지만, 내 부모님은 아들이 유학을 포기하면서까지 취업한 회사가 '고작 구두 만드는 곳' 계열사라고 오해하고, 잠시나마 안타까운 마음을 품기도 하셨다.

아무런 준비 없이 광고회사에 입사했으니, 그 시작은 고난의 연속이었다. 동기 대부분은 광고를 전공했고, 또 그 절반은 이미 인턴으로 입사해서 교육까지 받은 친구들이었다. 그런데 뜻밖에도 신입 교육 한 달 후 나는 현대자동차팀에 배치되었다. 금강기획에서 현대자동차팀은 1팀이었다. 그때만 해도 1팀이 갖는 의미는 컸다. 우선 광고 규모가 가장 컸고, 회사 내 상징성도 가장 컸다. 그런 팀에 비전공자가 배치된 것부터 이례적이었다. 그래서 생긴 내 별명이 '정몽상'이었다. 혹시 숨겨 놓은 핏줄 아니냐 뭐 그런 옛날식 농담이었다.

1팀은 현대자동차만 담당하고 다른 광고를 다루지 않는 현대자동차 전담팀이었다. 특이하게 기획팀과 제작팀이 한 팀 안에 같이 있는, 효율성을 극대화한 조직이었다. 당시 팀장님은 신입이던 내게 광고주 출입을 금지했다. 3월 2일, 팀 배정 후 두 달 동안 외부 출입 없이 팀 내에서 머물며 자동차 관련 자료와 광고 자료로 공부만 하게 했다. 광고주를 출입하지 않으니 팀 내 선배들도 내게 별도로 업무 지시를 하지 않았고, 출근 후부터 퇴근 때까지 종일 자동차와 광고 공부만 해야 했다. 비전공자인 내가 어설프게 업무에 투입되고, 또 그 상태로 광고주를 상대하다 보면 자칫 '광고를 모르는 얼뜨기'로 낙인찍혀 고생하다 낙오될까 걱정한 배려였을 것이다. 그 속내를 알 리 없었던 나는 책상에 붙어 앉은 시간이 지루하고 더디게만 흘렀고, 업무에 투입되어 일하는 동기들이 부러워질 지경이었다. 다만 정말로 다행인 것은 제작팀이 한 팀에 있다 보니 제작팀과 자연스럽게 친해졌고, 그 덕분에 광고 제작 프로세스와 제작팀의 업무 방식을 다른 동기들보다 빨리 익힐 수 있게 되었다는 점이다. 돌이켜보면, 입사 초기 허우적거리다 광고에 흥미를 잃고 일찌감치 낙오될 수 있었던 상황이었음에도, 광고 일을 계속할 수 있었던 비결도 이 첫 두 달, 어설프게 업무에 투입되지 않고 집중해서 광고와 업무 프로세스를 빠르게 익혔던 덕분이었다.

그렇게 급작스럽게 선택한 광고대행사였지만, 이후 나는 광고대
행사에서 정말 많은 것을 이루었다. 나 자신도 적지 않은 노력을 기
울였다고 생각하지만, 내가 가진 능력에 비해 과분한 평가를 받아
사원으로 입사해 대표 자리에까지 올라간 몇 안 되는 광고인이 되었
으니, 참 영광스럽게 생각하고 있다.

그 후 광고는 내게 늘 특별했다. 생계를 해결하게 해준 것 외에도
정말 많은 것을 배울 수 있게 해주었다. 그중 하나는 사람을 이해하
는 법이었고, 다른 하나는 일을 해내는 감각이었다. 광고는 사람의
마음에 어떻게든 파고 들어가 원하는 방식으로 행동을 이끌어내는
일을 한다. 사람을 제대로 이해하지 못하면 일 자체를 해낼 수 없다.
소비자는 과거에도 그랬고 지금도 참 어려운 존재다. 나라면 이렇게
할 것 같은데, 그들은 변화무쌍하게 내 예측에서 빗나간다. 그 점은
한결같았다. 사람의 마음은 늘 읽기 어려웠고 항상 움직였다. 사람들
은 그런 움직임을 트렌드라는 이름으로 보기 좋게 목록화해 분류했
지만, 사실 트렌드는 예쁜 옷이고 포장일 뿐이었다. 포장이 그렇듯
트렌드에 매몰되면 정작 사람의 속내를 놓치기 쉬웠다. 그래서 나는
더욱더 사람의 본성 자체에 집중해야 한다는 점을 본능적으로 깨달
아야 했다. 트렌드를 어설프게 뒤쫓다 보면, 잘해봐야 껍데기만 남아

있었다. 그렇게 사람과 진심에 집중하다 보니 확률이 높아지는 걸 느꼈다. 트렌드는 바뀌어도, 사람의 본성은 쉬이 바뀌지 않았다.

광고는 항상 결과물이 나오기까지 수많은 사람을 거쳐야 했다. 결과는 물론 과정까지도 이해시켜야 하는 광고주, 친구이자 적이기도 한 동료, 믿음과 불안이 공존하는 상사, 함께 결과물을 만들어야 하는 제작자. 그들을 상대로 설득해야 했고, 때로는 그들의 생각을 수용하는 과정에서 일의 감각을 익힐 수 있었다. 그들의 마음을 얻는 과정이 쉽지 않았지만, 그 과정에서 일에 관한 본질을 이해할 수 있었다. 호감과 비호감을 가르는 것, 해내는 것과 단순히 하는 것, 받아들일 용기와 밀어붙일 수 있는 강단 같은, 일을 둘러싼 미세한 차이를 감지할 수 있었다.

그런 의미에서, 어쩌면 이 책은 내 광고 인생에서의 사람과 일에 관한 '중간 정산'이 아닐까 싶다. 앞으로 여전히 해야 할 일이 많다고 여겨지므로. 요컨대, 이 책은 일을 대하고 그것을 해내는 방식에 관해 다룰 것이다. 훌륭한 광고가 탁월한 창조성에서 탄생하는 것은 분명한 사실이지만, 가장 밑바탕이 되는 원동력은 단연코 '해내는 감각'이다. 겸손하고 적극적인 태도가 몸에 배게 되면 해낼 수 있는 감각이 만들어진다. 소비자, 광고주, 대행사가 모두 하나의 결과물을 수용할 수 있도록 설득하고, 또 탁월한 광고가 탄생할 수 있는 원활한 환경을 만들어내는 일은 감각이 필요한 일이었다. 최소한 내가 보기에 해내는 감각이 크리에이티브보다 우선했다. 창조적인 아이디어는 항상 좌초될 위험에 처해 있지만, 해내는 감각은 창조적인 아이디어가 세상을 향해 소리칠 기회를 만들어낸다. 그건 다름 아닌 현실이었고, 내가 경험한 광고 일 자체였다. 안정적인 캐시 카우를 확보하고, 광고주를 만족시키며, 소비자들에 긍정적인 영향력을 가지게 하며, 심지어 떼인 돈을 받아내는 것까지도 광고인의 숨겨진 진짜 역할이었다. 그런데 이게 어디 광고에만 해당하는 걸까.

나에게 일을 해내는 것과 단순히 하는 것은, 작아 보이지만 큰 차이가 있다. 언젠가 이런 일이 있었다. 다음날 오전 10시로 잡혀 있던 거래처 미팅 시간을 9시로 한 시간 당겨야 했다. 직원에게 미팅 시간 변동에 관해 거래처에 양해를 구하고 알리도록 지시했다. 하지만 다음날 그 시각 미팅에 거래처 사람들이 나타나지 않았다. 상황을 알고 보니, 직원이 미팅 시간 변경을 위해 거래처 담당자에게 전화했지만, 전화를 받지 않자 메일로 통보하고 끝낸 것이다. 분명 내 직원은 미팅 시간 변경을 알리는 '일을 했다'. 하지만 문제는 거래처 담당자가 전화를 못 받았다는 사실이고, 메일을 확인할 여건도 되지 못했다. 메일만 보내는 행위는 자기 위안일 뿐 결과가 아니다. 해내는 것은 드러난 것 수면 아래 가려져 있는 일의 목적을 향해 충실히 전진하는 것이다. 야구로 비유하자면, 수비에서 유격수가 평범한 땅볼을 잡아 1루로 던진다. 그때 유격수가 공을 던지고 1루수가 그 공을 잡아야 비로소 아웃이 되고, 수비가 성공하게 된다. 유격수가 1루 쪽으로 던졌다는 행위만으로 역할을 다한 것이 아니다. 수비는 아웃카운트를 목표로 하는 것이기 때문이다. 제대로 시간 변경에 관해 양해를 구하고, 상대방이 그 내용을 수용해서 다음 날 변경된 시간에 미팅에 나타나는 것까지가 '일을 해내는 것'이다.

나는 이러한 해내는 감각이 태도에서 비롯된다고 믿는다. 첫 등장부터 탁월한 능력으로 회사를 뒤바꾼 사람들을 최소한 나는 본 적 없다. 드라마 속 드라마틱한 판타지 말고는. 내가 아는 현실에서는 겸손함과 열린 태도를 가진 사람이 동료와 상사의 마음을 얻어냈고, 실패할 기회를 얻었으며, 비로소 해내는 감각을 얻어 훌륭한 성취를 이뤄냈다. 약속 시간을 바꾸는 작은 일이 얼마나 대수냐고 여길 수 있지만, 일은 행위의 결과를 고려해야 비로소 완성되는 것이다. 내가 광고일에서 창조성보다 해내는 감각이 더 중요하다고 말했던 이유다.

대리 시절, 제주도에서 촬영지를 섭외하는 일이 그때 나의 일이었다. 섭외를 모두 마치고 촬영 전날 광고주까지 함께 저녁을 먹을 때였다. 섭외된 호텔에서 돌연 촬영이 어렵다는 연락을 받았다. 중국 부주석의 방문과 관련해서 경호상의 문제로 촬영이 불허한다는 연락이 온 것이다. 그 즉시 나는 호텔로 달려갔고 한 시간 동안 설득하고 떼를 부리다시피 촬영 허가를 다시 받아냈다. 그 이유는 촬영장소 섭외가 나의 일이었기 때문이다. 일을 해내는 것은 문제가 생겨도, 결국 내 역할을 마무리하는 것이다. '섭외'라는 일은 단지 촬영지를 찾아보는 것이 아니고, 촬영을 가능하게 하는 것까지 해야 완성되는 것이다.

내가 광고 일을 시작한 이후로 세상은 변했고, 앞으로도 변할 것이다. SM7의 광고를 준비했을 때가 17년 전이다. 그때 SM7 광고를 준비하면서 차로 자신의 경제력과 위치를 나타내는 것이 이미 촌스럽고 한물간 생각이라고 믿었고, 곧 사람들도 그렇게 여길 거라고 생각했다. 하지만 17년이 지난 지금, 오히려 자동차로 타인들의 시선을 끌고 그 시선을 즐긴다는 생각이 사람들 사이에서 더 단단해지고 노골적으로 드러났다. '하차감'이라는 단어까지 나왔으니, 내가 틀린 셈이다.

이 책은 어쩌면, 내 광고 인생의 오답 노트일 수도 있다. 그래서 예전 내 생각, 내가 가졌던 생각의 오류도 솔직히 고백하고 싶었다. 광고대행사 시절부터 지금까지 학교나 기업체에 특강이나 강연을 할 기회가 많이 있었다. 강의나 강연 중간 광고와 마케팅 그리고 일에 관한 숱한 질문을 받아왔다. 광고에 관한 생각, 마케팅에 관한 생각, 일에 관한 생각에 대한 질문을 받았고, 미처 그 시간에 하지 못했던 답을 해보겠노라고 이 책을 썼다.

　나는 정말 지독하게도 운이 좋은 광고인이었다. 물론 남들만큼 적지 않은 시련도 있었지만, 능력에 과분한 평을 받았고, 좋은 결과물도 얻었다. 광고회사 대표라는 자리도, 칸 은사자상의 영예도, 광고하는 사람들이 바라고 꿈꾸던 것들을 나는 얻었다. 그리고 무엇보다 적지 않은 돈을 받으면서 이 많은 것들을 배울 수 있었다. 그 배움이 있었기에 광고가 아닌 분야의 일도 잘 해내고 있다고 생각한다. 지난 26년은 나에게 축복이었고 앞으로 또다시 살아갈 삶의 추진체다. 그 축복 같은 26년의 내 기억과 경험으로 광고와 마케팅 그리고 일을 해내는 것에 대해 진솔하게 써 내려갔다. 내 경험과 그리고 거기서 나온 감각이 독자들의 일과 앞날에 조금이라도 쓰이기 바라는 마음으로 이 책을 시작한다.

제1의 감각

1st Sense

광고가
나에게
알려준
것들

우리는 욕망과 욕망 간의 연속적인 이해관계 속에서 일상을 살아간다. 그리고 나와 타인의 욕망을 제대로 파악하고 잘 조정할 때 좋은 결과를 얻는다. 직장이든 학교든, 사람이 모인 곳이라면 욕망이 존재하지 않는 공간은 없다. 사람들이 노골적으로 표현하지 않으려고 하는 진짜 욕망을 이해하고, 그걸 조율하는 능력이 오늘날의 성공 규칙이다. 그러자면 그 욕망을 제어하거나 만들 수 있는 '방아쇠'가 무엇인지 알아내야 한다. 그게 광고에서는 '크리에이티브creative'다.

'150미터'가
'900미터'보다
깊은 이유

격동의 1980년대에 중고등학교를 다녔던 나는 남녀 공학이 아닌 남중 남고를 다녔다. 그렇다 보니 자연스럽게 다양한 몸의 대화(?)를 할 기회가 많았다. 대개 고만고만한 힘을 가졌을 때 이기는 방정식이 있다. 한쪽으로 기운 전투력을 그래도 대등하게 가져가는 비기는 전략이 바로 시쳇말로 '선빵'이다. 웬만한 아이들 싸움에서 선빵은 그 위력이 커서 별다른 저항 없이 싱겁게 끝난다. 특히 코피라도 터뜨리면 그 극적 효과는 배가된다. 이런 일은 이전투구가 일상화한 비즈니스 현장에서도 그 효과가 뚜렷하다. 광고와 마케팅에서 특히 한쪽으로 기운 전투력을 그래도 대등하게 가져가는 비기는 전략이 바로 '선빵'이다. 아이들 싸움에서 선빵은 그 위력이 커서 별다른 저항 없이 싱겁게 끝난다.

그 위력을 발휘하는 것이 포지셔닝과 메시지의 선점First-mover effect, 즉 선빵 효과다. 이와 관련해 참 속 쓰린 두 가지 기억이 있는데, 결과적으로 큰 배움이 된 두 사례가 있다.

요즘 젊은 친구들에게는 조금 낯선 이름, 크라운맥주라는 회사가 있었다. 크라운맥주는 1993년까지 오비맥주의 아성을 전혀 깨뜨리지 못했다. 만년 2등이었고, 그냥저냥 술집에서 도매 영업으로 매출을 유지하며 주당들에게는 푸대접받는 맥주였다. 그런 크라운맥주에 결정적 기회가 왔는데, 1993년 하이트HITE 맥주를 출시하며 벌인 대대적인 마케팅이 그것이다. 그때 사람들의 눈길을 사로잡았던 카피가 '150미터 천연암반수'였다. 이 마케팅은 여러 면에서 의미하는 바가 컸다. 맥주 광고에서 처음으로 호프Hof 로 대변되는 쌉쌀한 맛이 아닌, 그때까지 사람들의 관심에서 벗어나 있던 '물'을 내세운 생경한 광고였다. 요즘이야 생수를 사 마시고 가정에서 정수기 물을 마시는 것이 당연한 일이 되었지만 이때만 해도 물은 약수를 받아 마시거나 수돗물을 끓여 마셨을 뿐, 아주 번듯한 회사 사무실에나 가야 정수기 물을 구경할 수 있던 시기였다. '천연암반수'는 그렇게 한국인의 머릿속에 좋은 물로 각인된 약수의 이미지와 적절히 결합돼 좋은 물을 쓴 깨끗하고 청량한 맥주라는 이미지 맵핑^{mapping}이 됐다.

사실 오비맥주로서는 생각지 못한 일격을 당한 것도 있었고, 아닌 게 아니라 억울한 면도 있었다. 내가 입사해서 다니던 금강기획은 1995년 오비맥주의 넥스^{NEX}라는 맥주의 광고대행사였다. 경쟁사인 하이트의 150미터 천연암반수 광고를 본 오비맥주에서의 첫 피드백은 "어? 우리가 더 깊은 데서 물을 파는데… 우리는 900미터에서 끌어 올린 물을 쓰니 이걸로 광고합시다. 150미터는 논물이 섞여서 못 써요." 광고주는 '900미터 대 150미터' 싸움을 해보고 싶었던 것 같다. 하지만 결국 대행사의 설득 끝에 900미터 물은 포기했다. 만약 하이트보다 깊은 900미터 지하수를 대대적으로 홍보했다면 어땠을까? 결과론이지만 하지 않은 것이 맞는 선택이었을 것이다. 이미 대중에게 각인된 '150미터 천연암반수'를 '900미터 천연암반수'라는 깊이 싸움으로 대적하기에 논리가 옹색했다. 돌이켜보면, 본질은 150미터냐 900미터냐는 깊이 싸움이 아니라, 천연암반수라는 깨끗한 물의 전쟁이었다. 당시 1등 브랜드였던 오비맥주는 한국인들이 좋아하는 맥주 맛과 오랜 브랜

본질은 150미터냐 900미터냐는 깊이 싸움이 아니라, 천연암반수라는 깨끗한 물의 전쟁이었다.

드의 힘을 과신했다. 싸움터를 '물'에서 빨리 벗어나 본인들이 잘 싸
우던 전장으로 옮겨 와야 할 필요가 있었다. 새롭게 등장한 대세에
상대보다 더 낫다는 비교 마케팅은 이미 상대의 판을 인정하는 것과
다름없었다. 그다음은 2등의 길을 걷는 것뿐이었다.

끝내 150미터 물을 판 하이트가 900미터 물을 판 오비맥주를 이
겼다. 이것이 선점의 효과, 선빵의 힘이고 매력이다. 이후 금강기획
이 오비맥주 넥스 캠페인에 들고나온 것은 '보리'였다. 맥주 맛을 크
게 좌우하는 것이 호프의 맛이고 그 호프는 보리에서 나오므로 틀린
계산은 아니었다. 오비맥주는 캐나다 해링턴 평야의 보리로 넥스맥
주를 만든다는 점을 광고로 밀었다. 그 당시 할 수 있는 최선의 싸움
을 했다. 하이트맥주가 선점한 깨끗한 물의 전장에 빠지지 않고, 익
숙하고 유리한 전장인 맛으로 승부했기 때문이다. 그러나 그 주목도
는 하이트를 따라가지 못했다.
물은 사람들에게 생각하지 못한 의외성과 약수라는 기존의 이미
지가 더해져 태풍 같은 위력을 발휘했으나, 해링턴 보리는 그리 큰
관심을 불러오지 못했다. 당시만 해도 사람들은 어떤 보리가 좋은
맥주의 재료가 되는지 별 관심이 없었기 때문이다. 한 가지 재미있
는 점은 오비맥주만 해링턴 평야의 보리를 쓰는 것도 아니었다는 점

이다. 하이트맥주는 이에 별다른 반응을 하지 않았다. 이미 맥주 시장이 넘어와 있었고, 주도권을 쥐었으니 굳이 새로운 논쟁에 가담하지 않았다. 그렇게 오비맥주는 맥주 시장에서 하이트에 밀려났고, 다시 시장의 주도권을 잡는 데 꽤나 긴 시간을 보내야 했다.

내가 대표를 지냈던 광고대행사 웰콤은 과거부터 아이디어가 독창적이기로 유명한 회사였다. 대한민국 업계 최초로 칸 국제광고제 은사자상을 받을 만큼 눈에 띄는 업력을 가진 회사기도 하다. 그 은사자상을 처음 받게 된 계기가 된 것은 레간자라는 자동차 캠페인이었다.

레간자는 지금은 사라진 대우자동차가 세계적인 자동차 디자이너 조르제토 주지아로Giorgetto Giugiaro에게 디자인을 의뢰해 심혈을 기울여 개발해 만든 중형차였다. 당시 대우자동차가 준중형, 중형, 대형까지 경차를 제외한 전 라인업에서 현대자동차에 밀리고 있던 상황에서, 그 열세를 극복하기 위해 의욕적으로 만든 차가 레간자였다. 웰콤이 레간자를 위해 준비한 카피는 "소리 없이 강하다"였다. 레간자는 약점인 주행 소음을 줄이기 위해 많은 흡음재를 보강하는 등

웰콤이 레간자를 위해 준비한 카피는 "소리 없이 강하다"였다. 레간자는 약점인 주행 소음을 극복하고, 강점인 엔진과 주행성능을 강조하기 위해 나온 캠페인이었다.

심혈을 기울였고, 강점인 엔진의 힘과 주행성능을 강조하기 위해 나온 것이 바로 이 소리 없이 강하다는 캠페인이었다. 이 캠페인의 방점은 소리였다. 소리 없이 강하다, 소리가 차를 말한다, 즉 정숙성을 핵심 판매가치 제안^{Key USP}으로 들고 나왔고, 자동차가 지나가는 동안 개구리울음 소리만 들리는 그 유명한 광고가 탄생하게 된 것이다.

그런데 솔직히 고백하자면, 나는 그 당시에 금강기획의 현대자동차 팀에 막내 AE^{Account Executive}(광고 기획자)로 쏘나타 담당팀에 소속돼 있었다. 쏘나타3 광고를 준비하면서 몇 번이나 기획했고, 광고안으로 준비했던 것이 바로 정숙성이었다. 요즘에는 하지 말아야 할 것이 됐지만, 과거에는 공회전 상태에서의 조용하고 부드러운 질감이 중형 세단의 가장 중요한 덕목이었다. 사실 그 특징에 가장 부합하는 차가 쏘나타였고, 실제로 타본 사람들이 쏘나타의 정숙성에 만족해했다. 하지만 유감스럽게도 쏘나타만의 정숙성은 광고로 표현되지 못했다. 현대자동차 광고팀은 '쏘나타의 장점이 얼마나 많은데 고작 정숙성 하나로 표현하냐'며 반대했다. 내세울 게 많다 보니 모든 강점을 드러내길 원했다. 이때만 해도 싱글 메시지의 힘이나 콘셉트에 관해 광고주 담당팀이나 의사결정권자들의 이해가 높지 않은 시기였다. 결국, 정숙성을 힘 있는 싱글 메시지로 설득하지 못하고 (이것저것 좋은 게 많아서) '세계로 수출하는 쏘나타'라는 국뽕 광고

를 내보냈는데, 이후 레간자의 소
리 캠페인을 봤을 때 허탈하기 그
지없었다. 내심 그 실행력이 부러
웠고, 이는 훗날 내가 웰콤으로

사람들은 선점의 중요성을 알면서도 좌고우
면한다. '이래도 되나?' '이게 맞나?' '이게
정말 더 좋은 거 맞나?' 지는 게임을 하는 사
람들은 항상 상대가 저지른 후 "나도 하려고
했었어"라는 말을 한다.

이직하게 된 데 영향을 끼친 사건이었다.

　레간자 캠페인을 본 현대자동차 홍보팀의 반응은 허무하기 짝이
없었다. 단지 "우리가 더 조용하다"였다. 실패담에 빠지지 않고 등장
하는 비교 광고 얘기가 나왔다. 우리가 더 깊은 물을 쓴다는 오비맥
주와 같은 얘기다. 물론 그럴 수는 없었다. 더 조용하다고 설득한들
정숙성은 이미 레간자의 상징이 돼버렸다. 식당에서 소주를 마시다
가도 레간자 광고가 나오면 외면하거나 괜히 담배 한 개비를 꺼내물
었던 씁쓸한 기억이 떠오른다.

　이 모든 것들이 바로 선점, 선빵의 힘이다. 사람들은 선점의 중요
성을 알면서도 좌고우면한다. '이래도 되나?' '이게 맞나?' '이게 정
말 더 좋은 거 맞나?' 지는 게임을 하는 사람들은 항상 상대가 저지
른 후 "나도 하려고 했었어"라는 말을 달고 산다. 소비자의 관점이
아닌 제공자, 판매자 내부의 관점으로 보니, 이런 일이 매번 반복된
다. 소비자의 말을 듣고 그렇게 여길 여지가 있다면, 과감히 나서야

함에도 말이다. 차이를 만들려면 일단 저질러야 한다. 그러고는 소비자의 선택과 반응을 보면 된다. 허를 찔린 경쟁사의 반격, 그렇게 쉽지 않다. 적어도 나는 그랬다.

1st Sense

"광고에 선악이 어딨어?"

다른 일도 마찬가지겠지만, 광고인도 하고 싶은 광고가 있고 그렇지 않은 광고가 있다. 대개 선명한 브랜드 색깔이 있는 광고거나 광고 탄력성이 좋은 대기업 브랜드들이 하고 싶은 광고에 해당하고, 제3금융권 광고나 논란이 되는 기업 광고는 피하고 싶은 광고에 해당한다. 그런데 이러한 자세가 광고인의 바른 태도인지는 생각해볼 여지가 있다.

내가 만든 광고에 개인적인 욕심이 개입되는 일이 있다. "이 광고는 정말 많은 사람이 봐야 해", "이 광고가 계기가 되어 변화가 일어났으면 정말 좋겠다"는 식의 광고다. 광고의 주체인 광고주도, 그 광고를 접하는 대중도 광고의 의도대로 움직이고, 그 영향력이 선하게 작용할 때가 바로 그런 경우다.

유한킴벌리의 '우리 강산 푸르게 푸르게'라는 광고가 있다. 이 캠페인은 생각보다 매우 오래됐는데, 1984년부터 시작해서 심지어 지금까지 이어오고 있다. 우리나라 광고 캠페인 중 최장수 캠페인이다. 비슷한 무렵부터 해왔던 다른 광고들이 다시 나오지 않는 상황인 걸 보면 최장수 광고가 맞을 것 같다. 이 캠페인은 유한킴벌리의 사회공헌 캠페인으로 선한 목적으로 제작되었다. 기업 광고가 장기적인 관점에서 자사 이미지 제고라고 하는 어쩔 수 없는 역할이 있으니 순수한 100퍼센트라고 볼 수 없겠지만, 이 정도면 목적도 결과도 제법 선하다고 말할 수 있다. 또한, 표현과 메시지, 담고자 하는 철학 모두 선하다. 광고 초년병 시절, 모두가 이 캠페인에 박수를 보낼 때 삐딱한 생각이 들곤 했다. 나무를 잘라서 펄프를 만들고 그걸 티슈로 만드는 회사가 유한킴벌리가 아닌가. 당시 내가 보기에는 나무와 숲을 베서 제품을 만드는 회사

나무를 잘라서 펄프를 만들고 그걸 티슈로 만드는 회사가 유한킴벌리 아니던가. 나무와 숲을 베서 제품을 만드는 회사가 숲과 나무를 말하는 것은, 그야말로 이율배반인 고해성사였다.

가 숲과 나무를 말하는 것은, 그야말로 이율배반인 고해성사였다. 또 당연한 일을 하는 것이므로 찬사받을 일도 아니라는 생각을 가졌었다. 그런데 과거의 내 생각은 옳았을까?

좋아하는 광고 중 일본 광고가 하나 있다. 한국인이라면 태생적으로 느끼는 일본에 대한 불편한 마음이 내게도 있던 터라, 일본 광고는 참고로라도 보기 꺼렸던 적이 있었다. 그런 무렵 우연히 접했던 광고였는데, 나는 이 광고를 통해 일본 광고에 대한 다른 인식 한 가지를 얻을 수 있었다. 동일본 철도 광고였다.

동일본 철도는 철도 여행의 안락함에 호소하지 않았다. 또 항공사 광고처럼 여행지에 대한 매력을 유도하지도 않았다. 다만 여행이 주는 의미, 여행의 가치, 낯선 곳에 대한 설렘을 핵심 콘셉트로 보여주었다. 나는 광고 속 카피에 좀 더 예민한 편인데, 카피들이 한줄 한줄 인상적이었다. '청춘 18세 티켓'

이라는 주제로 만든 광고 중 몇몇 카피는 이랬다. '골방에서 인생을 떠올릴 수 있을까', '모험이 없다면 좋은 어른이 될 수 없다', '창문을 여니 열차 안까지 봄이 들어왔

동일본 철도는 철도 여행의 안락함에 호소하지 않는다. 그보다 여행의 의미나 낯선 곳에 대한 향수를 자극한다. '작은 방 안에서 인생을 떠올릴 수 있을까', '모험이 없다면 좋은 어른이 될 수 없다', '창문을 여니 열차 안까지 봄이 들어왔다', '무심코 내린, 그런 경험을 해본 적 있나.'

다', '무심코 내린, 그런 경험을 해본 적 있나.' 동일본 철도의 광고는 마음을 건드리는 담백함이 있었다. 물론 자신들의 철도를 이용하라는 홍보는 없다. 그저 여행이 주는 의미나 여행으로 얻을 수 있는 가치를 무심히 노트에 적어놓듯이 전달했다. 내가 광고인으로서 처음으로 느꼈던 선한 느낌이었다.

내게 영향을 준 또 다른 광고가 있다. 사실 마케팅 측면에서는 꽤 고전적인 광고가 된 도브의 캠페인이다. 도브 광고에는 다른 광고에서 볼 수 없는 따뜻하고 특별한 메시지가 흐른다. 즉각적인 광고 효과가 크다고 보긴 어렵지만, 그 메시지들이 전하는 울림과 감동이 참 오래 남는다. 도브 캠페인 중에 '리얼 뷰티 스케치^{Real Beauty Sketch}' 캠페인이 있다. 도브는 이 캠페인 말고도 잘 알려지지 않았지만 '이너 뷰티^{Inner Beauty}', '추즈 뷰티풀^{Choose Beautiful}' 등 여성의 자아와 자존감을 북돋는 광고를 만들었다. '바르면 얼굴에서 광채가 나고, 여왕의 피부를 훔치는' 등등 그런 광고를 보다가 도브의 광고를 본 순간, 박하사탕 열 개쯤 깨무는 기분이 들게 된다.

도브가 전달하고자 하는 통찰은 "당신은 당신이 생각하는 것보다 훨씬 더 아름답다"이다. 그걸 색다른 실험을 통해 보여주는 것이다. 광고는 FBI에서 16년간 범인의 몽타주를 그려온 경찰관과 한 여

성이 등장하며 시작한다. 그들은
한 공간에 있지만 서로 보지 못한
다. 여성은 스스로 생각하는 본인

"당신은 당신이 생각하는 것보다 아름답
다." 모든 점에서 새롭고 영향력이 큰 광고
다. 메시지가 명확하고 울림이 크다.

의 얼굴 모습을 묘사해 설명하고, 경찰관은 그 묘사에 따라 그녀의
모습을 캔버스에 몽타주로 담아낸다. 곧 그녀는 자리를 뜨고, 그녀
를 본 또 다른 여성이 그녀의 얼굴을 경찰관에게 묘사한다. 그렇게
또 하나의 몽타주를 완성한다. 같은 여성의 얼굴을, 본인이 묘사한
한 장의 캔버스와 다른 사람이 묘사한 한 장의 캔버스, 두 장이 완성
된 것이다. 어땠을까? 놀랍게도, 자신이 묘사한 몽타주는 어딘가 불
안하고, 어두우며 덜 아름다워 보인다. 반면에 타인의 눈에 비치는
모습은 밝고, 인상이 좋으며, 상대적으로 더 아름답게 보인다. 광고는
이 메시지를 남기고 끝이 난다. "당신은 당신이 생각하는 것보다 아
름답다You are more beautiful than you think." 모든 점에서 새롭고 영향력이 큰
광고다. 메시지가 명확하고 울림은 크다.

　앞선 것들과 결이 조금 다른 광고도 있다. 독일의 생활용품 브랜
드로 유명한 퍼실Persil 광고다. '프리 더 키즈Free the kids'라는 이름의 캠
페인이다. 퍼실은 주로 세탁세제를 판매한다. 따라서 세제의 사용량
을 늘리는 것이 목적인 회사다. 아이들이 지금보다 더 운동장이나

"당신의 아이들이 집에 들어오자마자 욕조에 집어넣을 필요가 없다면, 아이들은 충분히 놀고 오지 않은 것이다." 광고는 마지막에 빈 놀이터를 보여주며, "아이들을 풀어주세요, 흙이 묻는 건 좋은 것"으로 마무리한다. 강렬한 메시지가 돋보이는 광고다.

놀이터에서 뛰어놀아야 땀과 흙으로 범벅이 된 옷을 빨기 위해서 더 많은 세제를 쓰게 된다. 다분히 상업적인 이 목표가 그래도 선해 보일 수 있는 것은, 성장기 아이들이라면 밖에서 마음껏 뛰어놀아야 한다는 명제와 서로 부합하기 때문이다. 스마트폰과 TV 세상에서 벗어나 아이들에게 뛰어놀 권리를 주자는 메시지는 누가 봐도 선한 메시지다. 퍼실은 이를 위해 독한 소재를 활용했다. 교도소 재소자들을 인터뷰한 것이다. 교도소 재소자들에게 하루 중 가장 기다려지는 일이 무엇인지를 묻자, 그들은 생각할 것도 없이 야외 운동장에서 운동하는 시간이라고 답한다. 그 시간이 얼마나 소중하고 의미가 있는지에 관해서도 말한다. 하루에 단 두 시간만 야외활동이 부여된 재소자들에게 질문을 하나 던진다. 만약 그 시간을 한 시간으로 줄인다면 어떤 기분이 들지 묻는다. 화가 나거나, 고민처럼 느껴지며, 정말 슬픈 일일 거라고 답한다. 이때 보통의 아이들이 하루 평균 한 시간 정도 야외활동을 한다는 걸 아는지를 물었고, 재소자들은 그게 말이 되냐는 반응을 보인다. 광고에서 교도관은 이렇게 말한다. "당신의 아이들이 집에 들어오자마자 욕조에 집어넣을 필요가 없다면, 아이들은 충분히 놀고 오지 않은 것이다." 광고는 마지막에 비어 있는 놀이터를 보여주며, "아이들을 풀어주세요, 흙이 묻는 건 좋은 것^{Free the kids, dirt is good}"으로 마무리한다. 강렬한 메시지가 돋보이는 광고다. 명확하게 합리적이지만, 소재는 독하다. 이 정도는 해줘야 정신이 번쩍 들 거라고 생각이나 한 것처럼.

또 우리나라 브랜드 프로스펙스 광고가 있다. 1990년대 당시 프로스펙스는 설 자리를 잃고 있었다. 나이키, 아디다스 등 해외 스포츠 브랜드가 큰 인기를 끌면서 프로스펙스는 그저 그렇게 잊히고 있었다. 그 무렵 외국 브랜드와의 외로운 싸움을 하던 프로스펙스가 독하디독한 광고를 내보냈다. 눈동자에서, 눈으로, 얼굴로 카메라가 점점 뒤로 빠지면서 흰 무명 저고리와 검정 치마를 입고 '정신대'가 선명히 적힌 띠를 두른 모델이 서 있다. 무표정한 얼굴로 카메라를 응시하고 있고, 그 옆과 뒤로 무심하게 웃고 지나가는 사람들이 보인다. 이때 한 줄의 자막이 등장한다. "역사는 되풀이될 수도 있습니다. 정복당할 것인가, 정복할 것인가"

화면도 흑백 톤이었다. 민족적 감수성을 자극한 독한 광고였다. 이건 정신이 번쩍 드는 정도가 아니라 아프고 시렸다. 광고로부터 꾸

"정복당할 것인가, 정복할 것인가. 역사는 되풀이될 수도 있습니다." 흰 무명 저고리와 검정 치마 차림에 '정신대'가 선명히 적힌 어깨띠를 두른 한 여성이 등장하는 프로스펙스의 광고. 이 광고는 그 자체로 아프고 시렸다.

지람을 듣는다면 이런 기분일 것이다. 이 광고가 나간 후 말들이 참 많았다. 상업 광고에 '정신대'라는 민족적 역린을 활용한 것에 어떤 이들은 불편함을 느꼈다. 하지만 기업의 상황을 국가적 맥락과 잘 결합한 광고라는 평가가 지배적이었다.

광고의 목적은 항상 '이익 추구'라는 감춰진 의도가 담겨 있다. 착하든, 그렇지 않든 본질은 같다. 팔기 위해 욕망을 자극하고, 거래를 부추긴다. 그런 측면이라면, 광고인은 원래 그런 일을 하는 사람이다. 광고에 선악을 구분하는 일은 부질없다. 좋은 장인은 연장을 탓하지 않는다는 말은 여기에 어울리는 말이다. 좋은 광고인이라면 소재 불문하고 좋은 영향력을 만들어낼 수 있어야 한다. 광고주의 목표에 부응하며, 대중에게 신선한 파급력을 끼친다면 그게 좋은 광고고, 반대라면 나쁜 광고, 불량 광고다. 다양한 광고를 보면서, 오랜 습관처럼 이 광고가 왜 만들어졌으며 무엇을 목적으로 하는지 생각한다. 그게 잘 안 읽히는 광고도 많다. 전략적 모호성을 노린 게 아니라면, 그게 나쁜 광고다. 비용과 시간을 써서 만들었는데 뭘 하라는지를 잘 모르겠는 광고들이다. 이게 꼭 광고에만 해당하는 것일까.

광고는 항상 '이익 추구'라는 감춰진 의도가 있다. 착하든, 그렇지 않든 본질은 같다. 팔기 위해 욕망을 자극하고, 거래를 부추긴다.

1st Sense

욕망을 거래한다, 그래서 자극한다

오랫동안 광고 일을 하면서 파헤친 질문이 있다. '광고는 뭘까? 그리고 뭐라 정의할 수 있을까?'가 그것이었다. 결국, 이 질문에 대한 답은 내 광고 인생의 마지막쯤에나 얻을 수 있었다. 광고는 뭐라 규정하기도 만들기도 어렵다. 그런데 사실, 우리는 형태와 표현만 좀 다를 뿐 알게 모르게 어떤 형식으로든 광고를 하며 살아간다.

과거만 해도 시골 장터엔 많은 볼거리와 먹을거리들이 넘쳐났다. 그중 유난히 시끄러운 두 사

우리는 누구나 형태와 표현만 좀 다를 뿐 알게 모르게 어떤 형식으로든 광고를 하며 살아간다.

람이 있었다. 한 명은 간담을 서늘케 하는 펑 소리와 함께 하얀 연기로 사람들을 놀라게 하는 뻥튀기 아저씨였고, 다른 한 명은 다름 아닌 뱀 파는 장사꾼이었다. "자, 날이면 날마다 오는 게 아니야. 아주머니, 아저씨, 시집 못 간 처녀 아가씨, 다들 이리 가까이 와봐. 이 뱀으로 말할 것 같으면 삼각산 깊은 곳에서 백일기도하고 어렵게 잡은 독기 바짝 오른 뱀이야. 이거 한 마리만 잡숴봐. 비실대는 남편이 밤마다 귀찮게 굴고 담벼락에 구멍이 뚫려. 애들은 가라, 가!"

요즘 젊은 세대야 당연히 직접 듣지 못했겠지만, 사십 줄 넘은 연배라면 한 번쯤 마주쳤을 법한 광경이다. 원시적인 의미에서 보면 뱀 장사꾼이 하는 것이 광고이고 마케팅이다.

"자, 날이면 날마다 오는 게 아냐" – 사람들의 주의를 불러 모은다. 한정적이고 제한적이라는 생각이 들게 해 호기심을 유발한다. 홈쇼핑에 자주 등장하는 '마감 임박' 자막이 떠오른다

"아주머니, 아저씨, 시집 못 간 처녀 아가씨, 다들 이리 와봐" – 타깃을 구체화해 특정한다

"이 뱀으로 말할 것 같으면 삼각산 깊은 곳에서 백일기도하고 어렵게 잡은 독기 바짝 오른 뱀이야" – 제품의 희소

성을 강조하며, 가치를 한 차원 높인다

"이거 한 마리만 먹어봐" – 제품 트라이얼을 유도하는 고전적 마케팅 기법이다

"비실대는 남편이 밤마다 귀찮게 굴고 담벼락에 구멍이 뚫려" – 과장을 통해 사회적으로 용인되는 수준에서 효능을 극대화해 다시 한번 설명한다

"애들은 가라" – 심지어 심의까지 고려하며, 유머로 마무리한다

옛 시골 장터 뱀 장사꾼도 하는 것이 광고라면, 도대체 광고의 본질은 무엇일까? 언젠가 한 대학교 특강 마지막에 받은 질문이었다. 내 답은 '욕망의 거래'였다. 그 무렵에는 광고에 대한 개념을 어느 정도 잡아가던 시기였기에 특별히 고민하지 않고 내뱉은 말이었다. 광고의 최종 목표는 행동 유발이고 행동 변화다. 물건을 사게 만들고, 별 관심 없던 브랜드에 신경 쓰이게 하거나, 나아가 좋아하게 만드는 것이다. 내가 가장 좋아했고, 또 광고회사를 가장 사실적으로 묘사했던 미국 드라마 〈매드맨 Mad Men〉 시즌 1 첫 편에는 이런 대사

> 광고의 최종 목표는 행동 유발이다. 물건을 사게 만들거나, 알지 못했던 것에 관심을 두게 하고, 최종적으로 좋아하게 만드는 것까지 포함한다.

"광고는 행복이다. 새 차에서 나는 가죽 냄새 같은 것이다." 잘 만들어진 광고는 소비자가 광고를 보고 계산된 욕망을 갖게 하는 것이다.

가 나온다. "광고는 행복이다. 새 차에서 나는 가죽 냄새 같은 것이다." 광고는 어떤 욕망을 불러일으킬 것인가를 염두에 두고 만들어야 한다. 그래서 좋은 광고는, 아니 잘 만들어진 광고는 소비자가 광고를 보고 계산된 욕망을 갖게 만드는 것이다. 물론, 소비자가 계산과 다르게 다른 욕망을 떠올릴 수 있다. 그건 예상과 다를 뿐이지 잘못된 건 아니다. 최악은, 어떤 욕망도 욕구도 욕심도 생기지 않는 것이다. 그게 최악이다.

한 아파트 광고가 있다. 집에서 떠오르는 가장 기본적인 욕망은 뭘까? 저기에 살고 싶다? 물론, 그럴 수 있다. 저들처럼 저런 곳에서 살고 싶다. 뭐든 좋다. 저 아파트에 살고 싶든 광고 속에 보이는 가족이나 주인공 모델처럼 살고 싶든, 혹은 막연히 행복해지고 싶다는 욕망이 생길 수 있다. 각자 처한 상황에 따라 다양한 욕망이 생길 수 있다. 그 욕망이 어떤 것이든 광고는 욕망을 감각적으로 의미 부여하고, 소비자는 의미 부여된 욕망에 이끌려 제품이나 서비스를 구매하는 행동 변화가 일어난다. 즉, 광고를 만드는 사람과 광고를 받아들이는 사람 사이에 욕망의 거래가 생긴다. 이게 내가 얻은 답이다.

자크 라캉 Jacques Lacan 은 "인간은 타자의 욕망을 욕망한다"라는 말로 유명한 정신분석학자이다. 그는 프랑스의 철학자이자 정신분석학자로서 지그문트 프로이트 Sigismund Freud의 계승자로 평가되는 인물이다. 인간이 (자신의 욕망보다) 타자의 욕망을 (더) 욕망한다는 말은 자기가 필요한, 본인이 원하는 것보다 남들이 좋다고 여기고 더 추구하는, 사회적으로 더 많이 인용되는 욕망을 더 추구하는 경향이 있다는 말과 같다. 욕망의 관점에서 광고의 문법을 대입해보면 이렇다. 우리가 광고상 표현하고 전달하는 욕망이, 광고적 표현과 매체의 조합으로 더 많이 노출되고 증폭되면, 또 많은 사람이 인정하고 추구하는 욕망이 되면 될수록 그 욕망을 따라 실현하려는 사람들이 많아지게 된다. 그래서 우리는 더 강렬한 표현을 쓰고, 더 많은 돈을 들여 광고를 내보내려고 한다.

그런데 조금 관심을 기울여보면, 이게 꼭 광고만의 문법인지 의문스럽다. 우리는 대부분 욕망과 욕망 간의 연속적인 이해관계 속에서 일상을 살아간다. 그리고 나와 타인의 욕망을 제대로 파악하고 잘 조정할 때 좋은 결과를 얻는다. 직장에서든 학교에서든, 사람이 모인 곳이라면 그렇지 않은 곳은 없다. 사람들이 노골적으로 표현하지 않는 진짜 욕망을 이해하고, 그것을 조율하는 능력이 오늘날의 성공 법칙이다. 그러자면 그 욕망을 제어하거나 만들 수 있는 '방아쇠'가 사람들이 드러내지 않는 진짜 욕망을 이해하고, 그것을 조율하는 능력이 오늘날의 성공 법칙이다. 그 욕망을 제어하거나 자극할 '방아쇠'가 무엇인지 알아내야 한다. 무엇인지 알아내야 한다. 그게 광고에서는 '크리에이티브creative'다.

결국, 사람이다. 너무 뻔해서 싱거울 수 있지만, 좀 다른 걸 찾아보려고 배회해도 결국에는 돌고 돌아 같은 자리에 온다. 일을 잘한다는 것, 잘 먹고 잘산다는 것은 모두 사람에 대해 더 잘 안다는 것이다. 광고하는 사람이든, 마케팅하는 사람이든, 기획 일을 하는 사람이든, 그리고 그밖에 다른 일을 하는 어떤 사람이든 결국 우리가 상대하는 사람에 대해 더 많이 이해하고 알아야 한다. 조인성 주연의 〈비열한 거리〉라는 영화에 이런 대사가 나온다. "너한테 필요한 사람이 누구이고, 그 사람이 원하는 게 무엇인지 이 두 가지만 알면 성공할 수 있어." 당신이 필요한 사람이 누구인지, 상대가 필요로 하는 것이 무엇인지 안다면, 절반은 성공한 것이다. 그렇게 나는 돌고 돌아 결국 사람으로 돌아왔다.

문제는
내 편이 있냐, 없냐다

"마케팅은 무엇인가?" 광고와 떼려야 뗄 수 없는 질문이다. 마케팅을 한 문장으로 정의하자면, 마케팅을 전공한 사람, 마케팅을 업으로 하는 사람, 혹은 마케팅과 관련된 일을 하는 사람, 아니면 마케팅과 관련 없는 사람, 저마다 모두 제각각 답할 것이다. 전통적인 마케팅 개념에서 정의한다면 제품과 가격, 유통 등 제품의 판매를 염두에 둘 것이다. 하지만 내가 찾은 답은 '내 편 만들기'다. 지금의 마케팅 그리고 앞으로의 마케팅은, 어떻게 하면 내 제품, 내 브랜드의 편을 만들 수 있을 것인가, 어떻게 하면 내 편을 남에게 빼앗기지 않을

내 제품, 내 브랜드의 편을 만들 수 있을 것인가, 어떻게 하면 내 편을 남에게 빼앗기지 않을 것인가, 어디서 내 편을 뺏어 올 것인가?

것인가, 어디서 내 편을 뺏어 올 것인가로 정의될 수 있을 것이다.

어렸을 때 자주 하던 놀이 중 '우리 집에 왜 왔니'가 있었다. "우리 집에 왜 왔니, 왜 왔니, 왜 왔니. 꽃 찾으러 왔단다, 왔단다, 왔단다. 무슨 꽃을 찾으러 왔느냐, 왔느냐. ○○○ 꽃을 찾으러 왔단다, 왔단다." 이렇게 어깨동무한 친구들이 편을 나눠 노래를 부르고 상대방 편 아이를 지목해 가위바위보를 통해 우리 편으로 데려오는 놀이었다. 이 놀이의 본질은 내 편을 지키고, 상대편에서 뺏어서 내 편으로 데려오는 것이었다. 나는 이 놀이가 궁극적으로 마케팅이라 생각한다. 즉 물건을 파는 게 아니라, 내 편을 만드는 일이다.

스마트폰 유튜브를 열고 '현대자동차 아이오닉 5 광고'를 검색해보면, 아이오닉5 론칭 광고부터 시리즈 광고가 검색된다. 티저 광고는 물론, 다양한 버전의 광고들이 검색된다. 이 많은 콘텐츠가 대부분 현대자동차에서 만들어낸 광고다. 자, 그러면 다른 전기차 '테슬라 광고'를 검색해보면 어떤 결과가 나올까? '2017년, 한국에 론칭한다'는 한국에서 만든 광고 단 하나만 뜬다. 테슬라가 만든 광고는 그게 다다. 이외에 나오는 영상 대부분은 테슬라가 아닌, 테슬라 사용자들이 사용자 후기를 제작해 올린 것들이다. '내가 타본 테슬라', '직접 몰아본 테슬라' 등등 많은 영상 콘텐츠들이 테슬라의 실제 차주 혹은 시승자들의 후기다.

> 현대자동차와 테슬라의 차이는 뭘까? 현대자동차는 소비자를 마주 보고 서 있고, 테슬라는 소비자에 둘러싸여 있다는 점이다. 이게 두 회사의 차이고 이렇게 만드는 게 마케팅이다.

사실, 테슬라는 광고 자체를 하지 않는 것으로 유명하다. 별도의 홍보부서도 존재하지 않는다. 최근 몇몇 설화로 그 명성에 흠집이 났지만, 일론 머스크Elon Musk가 트위터를 통해 줄곧 홍보부서의 역할을 해왔고, 지금도 수많은 테슬라 사용자들이 스스로 만든 영상을 올린다. 현대자동차와 테슬라의 마케팅 행보가 극명하게 갈리는 지점이다. 그 차이는 뭘까? 현대자동차는 소비자를 마주 보고 서 있고, 테슬라는 소비자에 둘러싸여 있다는 점이다. 이게 두 회사의 차이고, 이 차이는 마케팅 철학에서 비롯된 것이다. 애초에 테슬라는 별도의 광고가 필요 없었다. 혁신을 무기로 제품이 이미 모든 걸 해냈기 때문이다. 거기에 팬들이 생겨났고, 기꺼이 테슬라 편을 자처해왔다. 테슬라의 지향점에 동의하고 기꺼이 동참한 것이다.

의도하지 않았지만, 내 편의 도움을 받게 된 국내 브랜드가 있다. LG전자다. LG전자는 마케팅을 잘하지 못하는 회사라는 불명예에 가까운 오랜 인식이 있었다. 그렇다 보니 하다 하다 소비자가 대신 나서는 경우가 빈번하다. LG전자가 초경량 노트북 그램gram을 출시한 후의 일이다. 그램은 1킬로그램 이하 노트북으로, 출시 때부터 큰 주목을 받았다. 그런데 막상 출시된 후 소비자들은 노트북 실제 무게가 LG전자가 발표한 무게보다 더 가볍다는 점을 발견했다. 통상, 초경량이라고 하면 실제 제품보다 무게가 덜 나가는 것처럼 발표하는 것이 그간의 관례였지만, LG전자는 실제 무게가 960그램이었음에도 980그램으로 발표했다. 이를 보다 못한 소비자들이 적극적으로 알리기 시작했다. 심지어 자발적으로 모여 'LG 구하기 운동'까지 벌어지는 일이 생겼다. 그들은 LG전자 제품만의 기술력은 물론, 그룹사의 선행이나 미담까지 직접 찾아내 글과 기사를 공유했다. LG전자의 홍보 마케팅이 오죽 답답했으면 소비자들이 직접 나섰을까? 페이스북에 'LG가 또 일냈네요'라는 제목의 페이지가 인터넷 밈이 되어 화제가 되기도 했다. 미국의 허리케인 속에서 멀쩡한 세탁기 사진, 과거 독립운동가를 후원한 미담, 복지시설에서 사용되는 LG 제품을 무상수리를 해준다는 내용 등이 포함되어 있었다. 심지어 트위터에 'LG, 마케팅을 대신해드립니다'는 계정이 등장했고, LG전자의 자작 마케팅이 아니냐는 의심을 사기도 했다. LG전자 측은 이를 부인했는데, 실제로 LG전자를 오랫동안 봐왔던 관점에서 자작극은 아니라고 생각한다.

사실 내 편이 있느냐 없느냐는 당장 그 차이가 보이지 않는다. 상황이 좋을 때는 별 차이를 느낄 수 없다. 하지만 내 편은 상황이 좋지 못할 때, 시간이 흐를수록 그 진가가 드러난다. 내가 광고를 제작할 때 웬만하면 빅 모델 쓰지 않았던 이유도, 마케팅의 관점에서 '내 편 만들기'에 적합하지 않다고 생각해왔기 때문이다. 통상적으로 광고업계에서 빅 모델을 활용하지 않는 경우는 제품이 모델에 가려진다고 판단할 때 그렇다. 즉, 제품과 서비스에 자신 있을 때, 빅 모델을 활용하지 않는다. 빅 모델을 쓰는 경우는 자사 제품에 자신이 없거나, 비슷한 제품 속에서 차별화가 어렵거나, 인지도가 없어서 단번에 빅 모델 덕을 봐야 하기 때문이다. 빅 모델의 이미지를 활용하는 것은 물론, 모델의 팬을 지금 당장 끌어들여 제품을 알려내는 가장 손쉬운 방법을 선택하는 것이다. '누구누구 마스크', '누구누구 쿠션' 등으로 대박 났다고 하는 것이 모두 빅 모델의 힘이다. 예산이 넉넉하다면 빅 모델을 광고에 활용하는 것이 당연히 나쁠 것 없고, 안정적인 차선은 된다. 하지만 어느 정도 브랜드나 제품에 힘이 붙은

> 내 편이 있느냐 없느냐는 당장 그 차이가 보이지 않는다. 상황이 좋을 때는 특히 보이지 않는다. 하지만 내 편은 상황이 좋지 못할 때, 시간이 흐를수록 그 진가가 드러난다.

이후라면 빅 모델을 활용하는 것보다 그 비용으로 고객이 감동할 수 있는 곳에 투자하는 편이 낫다는 게 내 생각이다. 내 편은 없고 '빌려온 편'만 있는 셈이기 때문이다.

　이렇듯, 내 편을 만들 수 있는 원동력은 마주 보지 않고 옆에 있다고 느껴지게 하는 것이다. '우리 집에 왜 왔니' 놀이를 할 때, 같은 편은 모두 어깨동무를 하고, 발맞춰 같은 방향으로 같이 움직인다. 그게 출발점이다. 속여서라도 물건을 팔아야 할 대상이고, 문제가 생기면 불평만 늘어놓을 고객이라고 생각하지 말아야 한다. 진심을 다하면 언젠가 큰 결실을 보게 된다. 좋은 댓글을 남기면 진심으로 고마워하면 된다. 불평을 두려워하지 말고, 불평이 생기면 이걸 기회로 진심으로 사과할 때 오히려 역전의 기회가 찾아오기도 한다. 세계 1위 음악 스트리밍 사이트인 스포티파이Spotify는 이용자가 "듣고 싶은 노래가 없다"라고 불만을 표현하자 관리팀이 신속하게 응대, 불만을 해결한 후 고객에게 노래 제목을 활용한 감동 글을 전달하는 재치로 응수했다. 스타벅스는 야근 중인 고객이 스타벅스 음료를 마시고 싶다는 트윗을 올리자 "어떤 기분인지 알 거 같아요. 저희 매장에 들리시면 무료 음료로 위로해드릴게요"라

내 제품에 대한 불만의 댓글이 있더라도 두려워하거나 회피하지 마라. 잘못된 문제라면 진심으로 사과하고 잘못된 문제를 바로잡는다면, 오히려 이게 역전의 계기가 되기도 한다.

는 내용을 리트윗함으로써 고객을 감동시키기도 했다.

　내 편 만들기는 일상을 사는 우리에게도 필요하다. 회사에, 혹은 같이 일하는 관계사에 내 편이 얼마나 있는지 떠올려보자. 바로 이 순간 떠올릴 수 있다면, 그간 잘 해낸 것이다. 동료는 물론, 후임, 선임까지 떠오른다면, 지금 하는 일을 오랫동안 해낼 수 있는 원천이 자 이유가 된다. 반대로 딱히 생각나는 사람이 없다면, 일하는 방식에 경고등이 켜진 것으로 이해하고, 성찰의 기회로 삼아야 한다. 이는 스스로 마케팅하지 못한 결과다. 남에게 잘 보이라는 의미가 아니다. 나를 진심으로 응원해줄, 나를 위해 편들어줄 사람이 있는가에 관한 조언이다.

　'10퍼센트의 법칙'이라 부르는 것이 있다. 남을 위하는 사람과 이기적으로 보이는 사람의 차이, 그 차이는 작은 것에서 시작된다. 주변 사람들을 위해 사소한 것들을 챙기고, 조금 더 하려고 노력하면 된다. 딱 10퍼센트만. 함께 밥을 먹을 때 이유 없이 사는 것도, 외근 후 커피나 간식을 챙겨 들어오

"듣고 싶은 노래가 없다"는 불만에 노래 제목을 활용한 감동 글로 고객을 위로한 스포티파이, 야근 중인 한 고객의 트윗에 "어떤 기분인지 알 것 같아요. 저희 매장에 들리시면 무료 음료로 위로해드릴게요"라는 리트윗으로 감동을 선사한 스타벅스. 이 사례들은 마케팅의 본질이 내 편 만들기임을 잘 보여준다.

는 것도 얼마 안 되는 것이지만, 남들에게 약간의 고마움이라는 씨 앗을 심는 것이다. 잠깐이라도 짬이 날 때라면 도울 수 있는 업무, 남들이 하기 싫은 잡무를 먼저 챙기는 것도 그들의 마음에 고마움이라는 물을 주는 것이다. 이게 마케팅의 본질이다.

이런 잠재적 행동은 내가 위기에 놓였을 때 더 빛이 난다. 필요할 때 나에 대해 좋게 말해줄 수 있는 사람, 나를 지지해줄 수 있는 사람들을 만드는 일은 생각보다 어렵지 않다. 남에 대한 험담에 거들지 않고, 사소한 배려 하나면 충분한 것들이다. 하지만 되돌아올 그 힘은 매우 놀랍고 강하다. 작게는 내 편이 있어서 든든하다는 마음으로 일을 해낼 수 있고, 나라는 사람에 대한 평가가 쌓이고 쌓여, 어느 순간 나를 내가 생각한 것보다 더 좋은 사람이 되게 한다. 사소한 것부터 챙기는 것만큼 힘 있고 지속하는 마케팅은 없다. 그게 일의 시작이다.

1st Sense

거꾸로,
뒤섞어,
반대로 보라

"아이디어 내느라고 힘들지 않나요?" 광고회사에 다닌다고 하면 으레 듣는 질문이다. 물론 아이디어가 전부는 아니지만, 광고회사는 아이디어와 씨름하며 목을 매고 살아간다. 그게 기획이든, 제작이든, 매체든, 디지털이든 모든 영역에서 아이디어를 내고, 그걸 파는 일을 업으로 산다. 웰콤에 계셨던 박우덕 사장님은 아이디어와 관련해 이런 말씀을 하셨다. "만약 길에 시체가 있다고 생각해보자. 그것을 아이디어로 쓸 수는 없겠지만, 충격 자체는 확실하다. 이처럼 임팩트 있는 아이디어의 시작은 단번에 눈과 마음이 흔들릴 만큼, 크고

임팩트 있는 아이디어의 시작은 단번에 눈과
마음이 흔들릴 만큼, 크고 강한 느낌이 있어
야 한다. 그리고 그걸 다듬고 깎아야 아이디
어가 된다.

강한 느낌이 있어야 한다. 그리고 그걸 다듬고 깎아서 광고 아이디어로 만들어내야 한다. 처음부터 작고 예쁜 아이디어로 시작하면 가다듬는 과정에서 더 사소하고 흔한 아이디어로 변질될 것이다."

길거리에 시체가 놓여 있다는 발상 자체가 아니라, 강한 충격에서 출발한 아이디어가 성공의 확률을 높인다는 말씀이었다. 이렇게 시작한 아이디어라면, 결과가 어떻게 될지 몰라도 평범하고 그냥 스쳐 사라질 아이디어로 발전하지 않을 것이라는 맥락의 조언이었다.

발상의 전환이 필요할 때면 비틀어서 보고, 뒤집어서 보고, 섞어서 보고, 해체해서 보라는 말이 있다. 이 말은 대체로 맞다. 거꾸로 생각해보고 어울릴 것 같지 않은 것을 섞다 보면 의외로 생각지 못한 결과물들이 나온다. 뻔하지 않은 아이디어를 원한다면, 뻔한 상황에서도 예상하지 못한 소재이거나 예상할 수 없는 조합을 활용해야 한다. 여기에 딱 어울리는 사례가 하나 있는데, 바로 캐논Canon 디지털 카메라 '익서스 시리즈' 캠페인이다. 어떤 물건이든 사용자인 내가 편하고, 사용자인 내 눈에 예쁘고 좋아야 한다. 이건 너무나 당연한 일인데, 이 당연한 것을 바꿔서 생각한 것이 바로 익서스 시리즈의 광고 콘셉트였다.

　누군가 인도로 여행을 떠났다
는 설정의 캠페인이다. 고풍스러
운 카페와 음식을 배경으로 셀카

**무엇이든 편하고, 내 눈에 예쁘고 좋아야 한
다. 이건 너무나 당연한 일인데, 이 당연한
것을 바꿔서 생각한 것이 바로 익서스 시리
즈의 광고 콘셉트였다.**

를 찍는다. 그런데 오래된 건축물이나 자연경관을 배경으로 해서 내
가 찍히려면 누군가가 찍어줘야 한다. 즉 카메라는 내 소유물이지만,
다른 사람이 나를 찍을 때 쉽게 잘 찍혀야 한다는 발상의 광고다. 인
도의 한 시골 마을 촌로가 카메라를 한 손으로 받아 들고 그냥 무심
히 사진을 찍는다. 두 번도 안 찍는다. 이때 카피가 흐른다. "솔직히,
진짜 소중한 사진의 대부분은 지나가는 누.군.가.가. 찍게 된다" 즉,
내가 사진 속 주인공이 되려면, 누군가가 나를 찍어줘야 한다. 그래
서 찍는 사람이 누가 되었건 잘 나오는 카메라가 필요하다는 아이디
어가 완성된다. 내 카메라, 내가 사용하는 카메라라는 생각을 거꾸로
뒤집지 않으면 나올 수 없는 아이디어다.

　2013년, 내가 진행했던 SM3 광고도 비슷한 맥락으로 만들어진 캠
페인이다. 당시 SM3는 아반떼와 K3에 밀려 고전을 면치 못하고 있
었다. 르노삼성자동차 마케팅 담당 임원은 임팩트 있고, 다른 곳에서
생각하지 못하는 특별한 프로모션을 원했다. 광고회사에도 광고 아
이디어뿐 아니라, 프로모션 아이디어와 그 아이디어를 돋보일 광고

아이디어를 같이 제시해주길 원했다. 상황이 녹록지 않았던지라, 정말 듣도 보도 못한 발상이 필요했다. 그때 필요했던 것이 뒤집어 생각해보기였다. "우리 차를 타거나 탈 사람을 끌어들이지 말고, 경쟁사에서 끌어오자. 그것도 경쟁사 차를 살 사람이 아니라, 지금 경쟁사 차를 타고 있는 사람을 끌어들여 우리 차를 사게 하자." 그렇게 우리가 제안한 이 아이디어의 이름은 'SM3 333 project'였다. 타사 준중형(SM3의 경쟁 차종인 아반떼, K3, 크루즈)을 구매한 지 석 달이 안 된 사람 중에서, SM3를 시승해보고 마음에 든다면, 지금 타고 있는 차의 감가상각(예를 들어, 아반떼를 산 사람이면, 새 차를 샀을 때 가격과 지금 중고차 가격 사이의 차액)을 최대 300만 원까지 보상해주는 프로모션이었다. 실은 이 안을 광고주가 받아들일 것이라고는 생각하지 못했다. 한 달 가까이 프로모션 아이디어를 퇴짜 맞다 보니 직원들이 악에 받쳐 실행 가능성까지 생각하지 않고, 그저 '남들이 생각하지 못할 프로모션' 하나에만 초점을 맞춘 아이디어였다. 물론, 실제로 석 달이 되지 않은 사람들이 차를 바꾸거나 하는 일은 많지 않았다. 하지만 사실상의 목표가 전체 시장에서 SM3의 존재감을 알리는 한편, 르노삼성자동차 사용자들의 자부심을 높이는 데 주안점인 것을 고려했을 때, 광고주나 광고회사 모두 성공했다고 만족한 프로모션이었다.

늘 그렇듯이 익숙한 것이 편하
고 좋다. 하지만 익숙하고 편하면
의식하지 못한다. 마케팅에서 가
장 두려워하는 것이 바로 익숙해

익숙한 것이 편하고 좋다. 하지만 익숙하고 편하면 의식하지 못한다. 마케팅에서 가장 두려워하는 것이 바로 익숙해져서, 편해서, 의식하지 못하는 것이다.

져서, 편해서, 의식하지 못하는 것이다. 이른바 '루틴'이라고 말하는, 누구에게나 늘 하는 순서가 있다. 편하다. 익숙하다. 눈 감고도 할 수 있다. 그럼 이 순서를 바꾸게 되면 어떻게 될까? 어딘가 어색하다. 하지만 그 익숙한 순서를 바꾸면 낯선 것에 주목도가 높아지고 또 더 좋은 결과를 낼 수 있다. 한때 'B612'라는 스마트폰 카메라 앱이 우리나라에서 큰 인기를 누렸다. 2015년 2월, 단 한 달 동안 글로벌 다운로드 횟수만 2,000만 건을 넘은 메가 히트 앱이었다. 이 앱이 한동안 글로벌 1등 카메라 앱이 될 수 있었던 이유도 순서를 바꾼 지극히 단순한 생각에서 출발한 것이다.

우리는 보통 스마트폰 기본 카메라 앱을 실행해 사진을 찍는다. 그러고는 사진 보정 앱을 별도로 열어서 마음에 드는 필터와 효과를 이용해서 수정한다. 인스타그램이나 페이스북처럼 SNS에 올리는 사진도 자체 필터를 활용하거나 사진 앱을 활용해 수정하고 올린다. 그런데 문제는, 이미 찍은 사진을 수정한 후 SNS에 올리는 것에 거부감을 느끼는 사람이 의외로 많다는 것이다. 이와 관련해 네이버는 특이한 설문조사를 진행했는데, 응답한 사람 중 다수가 '보정 후에 SNS에 사진을 올리는 것이 꺼림칙하다'는 항목을 선택했다. B612 앱은 바로 이 정서를 반영해 순서를 바꾼 것이다. 사진을 찍고 나중에 보정하는 순서를 뒤바꿔, 사진 보정 효과를 미리 카메라 앱에 넣고, 사진을 찍으면 이미 보정된 사진이 찍히도록 만들어놓았다. 생각을 바꾸고 순서를 바꾼 결과는 놀라웠다. B612는 사진 앱 1위 자리에 올랐고 지금도 꾸준히 사랑받는 사진 앱이 되었다.

아이디어를 내는 방법 중에는 정반대의 개념을 함께 늘어놓는 방법도 있다. 묘하게 어울리기도 하고, 또 선명한 대비가 생기는 힘도 있다. 내가 재직했던 웰컴이 칸 국제광고제 첫 수상이라는 영광을 가져온 것은 레간자 캠페인이었다. 이른바, '소리가 차를 말한다' 개구리 캠페인이 그것이다. 그리고 우리나라에서 두 번째로 수상한 광고가 맥도날드 500원 프렌치프라이 광고였다. 내가 AE로 담당했던 광고였다. 참고로, 이때 함께 작업했던 PD는 이후에 〈웰컴 투 동막골〉, 〈조작된 도시〉를 연출하게 된 박광현 감독이다. 당시 맥도날드 프렌치프라이는 1,000원이었다. 그걸 500원으로 반값에 주는

아이디어를 내는 방법 중 정반대의 개념을 함께 늘어놓는 방법이 있다. 묘하게 어울리기도 하고, 또 선명한 대비가 생기는 힘이 있다.

프로모션을 준비할 때다. 그런데 1,000원짜리를 500원에 주는 게 대수냐면, 그건 아니었다. 우리 주변 어딘가에서 일어나는 흔한 프로모션이었다. 상황이 그렇다 보니 광고는 '대단'하게 준비했어야 했다. 흔한 반값 프로모션을 흔하지 않게, 귀하디귀하게 만들고자 노력했다. 그 흔한 500원 프렌치프라이 광고에, '목숨'을 붙였다. "목숨 걸지 마세요. 맥도날드에서는 프렌치프라이가 500원"이라는 유명한 카피가 나오게 된 것이다. 이 광고에 대한 반향은 엄청났고, 그렇게 칸 국제 광고제 은사자상을 받게 되었다.

무엇인가를 뒤집든, 순서를 바꾸든, 정반대 개념을 같이 놓고 보든, 뭘 하든 상관없다. 정답은 없으니까. 하지만 뻔한 생각이 뻔한 결과를 가져오는 것은 진리에 가깝다. 좋은 기획은, 안 하던 짓과 생각과 방식에서 나온다. 이게 정답이다. 내가 낸 기획, 발상, 아이디어가 회사에서 좋은 평가를 받지 못한다면, 그건 어쩌면 내가 무능해서도 회사가 고약해서도 아닐 수 있다. 그냥 흔하고 뻔한 것이 아닌지 의심해봐야 한다. 뻔하지 않으려면, 거꾸로 보든, 뒤집어 보든, 이건 너무 나간 생각 아닌가 할 만큼 극단으로 생각으로 밀어붙이는 것도 아이디어를 내는 데 좋은

> 좋은 아이디어는 안 하던 짓과 생각과 방식에서 나온다. 내가 낸 기획, 발상, 아이디어가 회사에서 좋은 평가를 받지 못한다면, 그건 어쩌면 내가 무능해서도 회사가 고약해서도 아니다.

방법이다. 알베르트 아인슈타인은 이렇게 말했다. "같은 방법을 반복하면서 다른 결과를 기대하는 것은 미친 짓이다." 이게 꼭 과학에만 해당하는 말은 아니다.

1st Sense

깨는 아이디어가 없다면,
있는 그대로가 낫다

____

매사 느끼는 것은 모든 일이 사람이 하는 일이고, 사람을 상대로 하
는 일은 솔직하게 풀어낼 때 좋은 결과로 이어진다는 점이다. 물론
솔직하기란 쉬운 일은 아니다. 솔직할 수 있다는 건 그만큼 스스로
자신 있을 때 할 수 있는 일이라고 생각하기 때문이다. 내가 사회에
첫발을 내디뎠을 때만 해도 있는 것에 보태고, 없는 것도 할 수 있다
는 것이 열정을 증명할 미덕쯤으로 여겨졌다. 그런데 경험이 쌓이고
나이를 먹으면서 깨닫게 된 것은 없는 것을 더 보탰을 때 그 거짓이
눈덩이처럼 불어나 나중에는 감당하기 어렵게 되더라는 것이다. 열

상황을 있는 그대로 보고 그 안에서 내가 할 수 있는 것을 최선을 다해 준비하는 것이 훨씬 더 좋은 평가를 받고 결과도 좋다.

정은 지금도 최고의 덕목이지만, 상황을 있는 그대로 보고 그 안에서 내가 할 수 있는 것을 최선을 다해 준비하는 것이 훨씬 더 좋은 평가를 받고 결과도 좋다.

솔직함과 진정성은 문제해결에서 빛을 많이 발하는데, 특히 광고나 마케팅에서 그 진가가 드러난다. 과거와 달리 브랜드와 소비자 사이에 SNS, 온라인 커뮤니티 등 무수히 많은 접점이 만들어졌기 때문이다. 아주 잘 만들어진 메시지, 마케팅 활동도 단 하나의 좋지 못한 댓글과 그에 대한 잘못된 피드백으로 무너지는 일이 일상이 되었다. 그렇다 보니 어설프고 뻔히 보이는 얄팍한 꼼수가 오히려 부메랑이 돼 돌아와 치명적인 결과를 가져오게 되는 경우가 많다.

한때, 아파트 브랜드 광고가 전성기를 누렸던 적이 있었다. 그때는 어느 브랜드의 아파트에 사느냐에 따라 입주민들의 자부심도 한껏 올라가던 시기였다. 아이파크, 자이, 래미안, 푸르지오 등 이름만 들어도 알 수 있는 대형 건설사에서 아파트 브랜딩에 사활을 걸던 시기였고, 광고대행사마다 대형 건설사 광고가 없는 경우가 드물었다. 아파트 분양시장이 워낙 호황인 터라, 유명 모델을 써서 황금시간대에 아낌없이 광고를 송출했다. 그중 특이한 곳이 하나 눈에 띄었는데, 대림건설 e편한세상이었다.

　대림건설의 광고에는 빅 모델이 없었다. 그 당시 아파트 광고에 빅 모델이 출연하지 않는 것은 자폭이나 다름없었다. 내레이션

> "톱스타가 나옵니다. 그녀는 거기에 살지 않습니다. 멋진 드레스를 입고 다닙니다. 우리는 집에서 편안한 옷을 입습니다. 유럽의 성 그림이 나옵니다. 우리의 주소는 대한민국입니다."

도 솔직한 것을 넘어 도발적이었다. "톱스타가 나옵니다. 그녀는 거기에 살지 않습니다. 멋진 드레스를 입고 다닙니다. 우리는 집에서 편안한 옷을 입습니다. 유럽의 성 그림이 나옵니다. 우리의 주소는 대한민국입니다. 이해는 합니다. 그래야만 시세가 오를 것 같으니까요. 하지만 생각해봅니다. 멋있게만 보이면 되는 건지, 가장 높은 시세를 받아야 하는 건 무엇인지. 저희가 찾은 답은 진심입니다. 진심이 짓는다, e편한세상."

　살기 좋게 잘 지은 아파트가 가치 있는 집이지, 환상 속 이미지로 만들어진 아파트가 좋은 집이 아니라는 점을 날카롭게 공략한 광고였다. 당시 광고업계에서는 대체로 반신반의하는 분위기였는데, 결론적으로 보면 수작으로 꼽히는 광고가 됐다. 이 뒤로 아파트 주차장의 크기를 다룬 '10cm의 진심' 편, '진심의 시세' 편 등 다양한 후속 캠페인이 나왔고, '진심이 짓는다'는 e편한세상의 광고는 광고 자체로도, 또 대기업이 독점하다시피 하던 프리미엄 아파트 분양시장

우리의 광고는 새로운 프리미엄 흐름을 창조하기는 했으나, 기존 광고계가 가졌던 생각의 틀 밖으로 뛰쳐나간 것은 아니었다. 에서 중견기업이 성공하는 유례 없는 성과를 이뤄냈다. 그런 덕분인지 지금도 e편한세상이 대림건설의 아파트 브랜드인지 모르는 분도 있다.

원래 아파트 '프리미엄'에 기름을 부은 것은 내가 재직했던 웰콤이었다. 대우건설 푸르지오 광고에서 김남주 씨를 모델로 활용해 '그녀의 프리미엄'이라는 유명한 카피로 프리미엄 전쟁에 불을 붙였다. 아파트가 입주민의 프라이드가 된다는 생각의 시작점이 웰콤이었고, 푸르지오 캠페인은 공전의 히트를 기록하며, 분양시장의 최강자로 올라섰다. 하지만 우리의 광고는 새로운 프리미엄 흐름을 창조하기는 했으나, 기존 광고계가 가졌던 생각의 틀 밖으로 뛰쳐나간 것은 아니었다. 그에 비해 e편한세상은 진정성으로 향하는 사람들의 마음을 제대로 짚고, 광고판의 문법을 바꿔냈다.

진정성을 무기로 크게 성공한 사례 중 뒷날 그 거짓이 드러나며 몰락한 일도 있다. '임블리'가 그 주인공이다. 온라인 패션 사업을 시작으로 화장품 영역으로 확장하며, 한때 제2의 스타일난다가 될 수 있을 거라는 기대를 받던 인스타그램 스타였다. 그녀는 한국 최고의 인스타그램 비즈니스 성공 모델로까지 손꼽혔다. 하지만, 이제는

SNS 마케팅의 한계를 다양한 측면에서 직접 보여준 실패사례로 남게 된 인물이다. 임블리의 몰락은 허망했다. 김재식 헬스푸드에서 제조해 임블리 브랜드로 판매

실수는 누구나 한다. 그러나 그 실수에 어떻게 대응하느냐가 진정성을 가르는 기준이 된다. 정당하게 제기된 고객 불만이라면, 진실한 사과와 함께 제품을 수거하고 환불 처리하면 문제는 말끔히 해결된다.

한 '호박씨까지 추출한 리얼 호박즙'이라는 제품을 구매한 한 소비자가 호박즙 파우치 빨대 부분에 이물질이 묻은 사진을 게시판에 올리며 시작됐다. "호박즙에 곰팡이가 생겼는데, 게시판에 문의하니 전체 환불이 어렵고 남은 수량과 폐기한 한 개의 수량만 교환해주겠다고 한다." 만약 해당 제품을 전량 수거하고, 환불 처리했다면 말끔히 해결되는 문제였다. 대한민국에서 하루에도 수십 수백 건씩 생기는 그런 일 중 하나일 수 있었다. 하지만 임블리는 고객 응대 과정에서 '소통의 여왕'이라는 그간의 알려진 성공방식과는 반대로, 불만 게시글과 인스타그램 계정을 차단하는 악수를 뒀다. 팔 때만 해도 적극적으로 소통하던 그녀가 정작 사건이 터진 후 태세를 바꿨고, 그 모습에 소비자들이 큰 배신감을 느낀 것은 당연했다. 그 후 일이 더 커지면서 알려지지 않았던 비슷한 다른 문제들까지 수면 위로 올라왔고, 그것들이 언론을 통해 크게 보도되면서 임블리는 하루아침에 몰락했다.

처음 문제가 일어났을 때 진정성 있는 사과와 빠른 후속 조치를 약속했다면, 사람들은 더 큰 신뢰를 보냈을 것이다. 임블리의 팬이라면 '방부제가 없는 신선식품이라 그럴 수 있다'고 두둔했을 것이다. '제조상 그럴 수 있다' 하며 옹호해줄 수 있는 문제였다. 하지만 임블리는 진정성 있는 조치와 사과를 할 수 있었던 기회를 놓쳤고, 제2의 스타일난다가 될 수 있었던 골든 타임을 그렇게 걷어찼다.

우리나라의 SNS 인플루언서와 비슷한 중국의 왕홍网红 중에서 '4대 왕홍'으로 손꼽혔던 웨이야라는 사람도 임블리와 비슷한 길을 걸었다. 2016년, 본인이 운영하는 옷가게를 온라인으로 소개하면서 뜨기 시작한 웨이야는 라이브 시청자만 1억 명에 달했고, 광군절 2시간 방송으로 매출 4,800억 원에 달하는 이른바 '1티어' 왕홍이었다. 그런 그녀는 한국에서도 제법 유명해 화장품 84만 개를 단 몇 분 만에 완판시키기도 했다. 사건이 터지기 전 그녀는 한 인터뷰에서, 성공 비결로 이렇게 밝히기도 했다. "저는 물건을 고를 때 제 인생을 겁니다. 제가 써보고, 좋은 것만 팝니다. 팔 때도 장점과 단점을 모두 얘기합니다. 제가 인생을 거는 이유는 제가 판 물건이 좋지 않으면 저는 끝이니까요."

그랬던 그녀의 추락은 극적이었다. "제가 써보고, 좋은 것만 팝니다"라는 말이 무색하게, 엄청난 액수의 탈세 소식이 들려왔다. 그녀의 진심을 믿었던 많은 이들을 분노하게 했다. 진심을 앞세워 가파르게 올라섰지만, 내려오는 속도는 그보다 빨랐다.

내가 실무팀장이었던 시절, 우리 회사 ECD^{Executive Creative Director}(제작 총괄 디렉터)를 겸직했던 사장님은 이렇게 말씀하셨다. 광고 아이디어가 잘 나오지 않을 때, 그리고 '광고스러운' 아이디어만 나올 때(광고 쪽 사람들한테는 유치하다 저급하다와 같은 뜻이다) "틀을 깨는 아이디어가 없다면 차라리 제품 하나만 잘 놓고 잘 보여라. 억지 아이디어로 제품 욕보이지 말고 차라리 제품이라도 담백하게 잘 보여라. 제일 좋은 건 좋은 아이디어와 전략이지만 그게 잘 안 될 때면 솔직해지라"는 말씀이셨다. 그때 그 말씀이 지금 더 절실하게 느껴진다. 과거 상사로 모시기도 했던 광고계 선배가 농심 광고를 맡아 일할 때 이야기를 들려주었다. 농심 회장님은 광고에 남달리 관심이 많아 종종 광고 카피를 직접 쓰기도 했다고 한다. 어느 날 오징어짬뽕 라면 카피가 마음에 안 들었던지, 문안을 직접 써서 주셨다고 한다. 그 카피는 "올해는 오징어가 풍년입니다"로 시작하는 한 줄의 문장이었는데, 나는 듣는 순간 놀랍지 않을 수 없었다. 그해 오징어가 풍

> "틀을 깨는 아이디어가 없다면 차라리 제품만 하나 잘 놓고 잘 보여라. 억지 아이디어로 제품 욕보이지 말고 차라리 제품이라도 담백하게 잘 보여라."

년인 점에 착안해, 값이 내려가 허탈해진 어민들을 위해 많이 샀고, 많이 팔아야 하는 과자라는 점을 동시에 호소한 좋은 카피였다.

 '돈쭐 낸다'는 말이 있다. 몇 년 전 홍대 앞 '철인 7호' 치킨집 젊은 사장님의 선행에 많은 사람이 응원과 주문으로 화답하면서 그때부터 유행하기 시작한 말이다. 사람들은 좋은 소식과 진심에 반응하고 거짓과 부당함에 분노한다. 그 수준과 속도가 상상도 못할 만큼 빠르다. 과거에 마케팅이 도화지 역할을 했다면, 지금은 트레이싱 페이퍼 역할을 한다. 과거에는 도화지 아래 가려진 상품 밑그림을 기업이 원하는 대로 그려서 세상에 보여줄 수 있었다. 하지만 지금은 아니다. 트레이싱 페이퍼는 있는 그대로의 밑그림을 예쁘게 포장할 수는 있어도 왜곡할 수는 없다. 유리만큼 완벽히 투명하지 않아도 상품 밑그림이 눈에 아주 잘 띄기 때문이다. 그래서 섣부르게 잘못 그리거나 포장해서 그리면 바로 들통이 난다.

1st Sense

사실 넘어 본질,
그보다 중요한 것

도통 알 수 없는 유튜브 알고리즘이 번거롭게 느껴질 때가 많다. 유튜브 AI '유튜브 봇'이 사용자의 '좋아요'와 '구독' 패턴 등을 분석해 비슷한 콘텐츠를 찾아 노출하는 원리인데, 간단히 말해 사용자가 자주 보는 콘텐츠를 꾸준하게 메인 화면에 띄워 놓는 것이다. 한동안 가족 ID를 공유하는 내 유튜브 초기화면이 걸그룹 댄스 영상으로 가득 채워졌었다. 덕분에 딸뻘 되는 아이돌에 관해 조금은 알게 되면서 딸 아이와 이야깃거리 하나 더 생긴 건 의도치 않은 소득이 아닐까 싶다.

그런 유튜브 콘텐츠와 관련해 항상 도돌이표처럼 논쟁의 밥상에 오르는 것이 바로 이른바 '팩트 체크'다. 특히 정치의 영역에서 어떤 주장이 나오면 그 주장이 사실에 근거한 합리적인 주장인지, 근거 없는 '카더라'인지, 아니면 조작된 가짜 뉴스인지 분간할 수 없으니 공신력 있는 미디어 등이 진위 여부를 검증하는 것이다. 구독자 관점에서는 좀 혼란스럽긴 하다. 아주 짧은 동영상에 가짜 정보가 담겨 버젓이 유통되어도 가짜와 진짜를 구별할 길이 없기 때문이다. 그렇다 보니 '팩트 폭격'이네 하는 진위를 확인해주는 일을 콘텐츠로 활용하는 유튜브 채널이 높은 구독자 수를 보유하는 일이 흔해졌다. 이쯤 되니, 거짓이 일상화된 시대에 어쩌면 진실을 알고 싶은 것이 인간의 본능일 수 있겠다 싶다.

그런데 역설적이게도 광고나 마케팅 분야에서 사실관계는 그렇게 매력적인 상수가 아니다. 과거, 상품과 서비스가 경쟁이 치열하지 않고 많지 않았던 시절에는 있는 그대로 새로운 사실을 정확하게 전달하고, 재미있게 인상적으로만 구성하면 모든 것이 통하던 시절이 있었다. 그때는 있는 사실을 전달하다 보니 광고도 마케팅도 참 단

광고나 마케팅 분야에서 사실관계는 그렇게 매력적인 상수는 아니다. 그보다는 사용자가 제품 소비를 통해 얻고자 하는 감성, 즉 숨겨진 의도에 관심이 더 많다.

순했다. 광고를 보는 소비자들도 있는 그대로 받아들여서 광고하기가 참 수월했던 시절이다. 하지만 산업이 더 발전하고 기술 경쟁이 치열해지면서 상황이 바뀌게 되었다. 기술의 진보가 빨라지며 더는 과거만큼 차별화하기 어렵게 되었고, 이미지 역시 교묘히 복제되기 쉬워졌다. 실제로 오늘날의 기술 격차는 대부분 6개월 이내에 사라진다는 것이 일반적인 상식이다.

그렇다 보니 마케팅에서 제품이나 사실관계 전달보다는 제품의 사용자, 사실관계를 받아들이는 사람의 감성에 관심을 두게 되었고, 인사이트insight 즉 통찰력이라는 개념이 힘을 얻게 되었다. 통찰력이라는 말은 한마디로, 보이는 것들 너머를 꿰뚫는 힘이다. 광고와 마케팅에서 특히 중요한 통찰력은 사람들의 구매 행위 안에 감춰진 진실을 찾아내는 일이다. 이것이 광고에서 말하는 사실 뒤에 숨어 있는 진실, 이른바 휴먼 트루스human truth다.

진실을 안다는 것이 말은 쉽지만 그렇지 않다. 일상의 예를 보자. 오늘 우리 팀 신 대리 화장이 평소보다 진하다. 그러면 팀 동료들은 이런 생각을 한다. '오늘 중요한 약속이 있나?' 아니면 '데이트라도 있나?' 여기서 확실한 사실은 단 하나다. '화장이 짙어졌다'이

> 통찰력이라는 말은 한마디로, 보이는 것들 너머를 꿰뚫는 힘이다. 광고와 마케팅에서 특히 중요한 통찰력은 사람들이 사고자 하려는 행동의 진실을 찾아내는 일이다.

거짓이 판치는 세상 분위기 속에서 사실을 담백하게 전달하는 일이 그 어떤 때보다 유의미한 시대에 살고 있지만, 팩트에만 의존하는 사람은 사실 중간도 아닌 하수에 머물 수밖에 없다.

다. 보이지 않는 진실은 뭘까? 화장은 예뻐 보이게 하는 효과도 있지만, 커버해서 감추는 효과도 있다. 어쩌면 신 대리는 어젯밤 친구들과 늦게까지 기분 좋게 마시고 푸석해진 얼굴을 감추기 위해 화장을 짙게 한 것일 수 있다. 만약 일찍이, 이 같은 '커버'라는 또 다른 화장의 기능을 통찰할 수 있었다면, 남보다 더 빨리 비비크림이라는 선풍적인 화장품을 개발했을 수 있었을 것이다.

이렇듯 통찰력은 다양한 측면에서 가치 있는 역량이 되었다. 거짓이 판치는 세상 분위기 속에서 사실을 담백하게 전달하는 일이 그 어떤 때보다 유의미한 시대에 살고 있지만, 통찰력은 이렇듯 다양한 측면에서 가치 있는 역량이 되었다. 사실관계 하나만으로는 모든 걸 설명할 수 없다. 단편적으로 우리 사회에서 단순히 아파트와 주택이 '주거'로서, 자동차가 '이동수단'이라는 사실관계만으로 가치가 규정되지 않는 것처럼 말이다. 광고와 마케팅은 얼핏 단순해 보이는 구매 행위 안에 숨은 다양한 진실을 자극하는 것이다.

어느 스파게티 소스를 만드는 식품회사가 있다. 그 회사는 스파게

티 소스를 사는 사람들, 즉 주부의 80퍼센트가 양파를 썰어서 스파게티 소스에 섞어서 쓴다는 사

그럼 이 양파가 들어간 소스의 판매는 어떻게 되었을까? 다소 예상했겠지만, 실패로 끝났다. 왜 실패했을까?

실에 주목했다. 그러니까 새로운 사실을 발견한 것이다. 여기서 사실관계는 '소비자 대부분이 양파를 썰어서 소스에 넣어서 쓴다'는 점이다. 그것도 '번거롭게' 말이다. 이 회사는 어떻게 했을까? 소스에 양파를 갈아 넣은 신제품을 출시했다. 그럼 이 양파가 들어간 소스의 판매는 어떻게 되었을까? 예상했겠지만, 실패로 끝났다. 왜 실패했을까? 이 회사는 소비자의 '번거로운 사실관계'를 파악했지만, 양파를 썰어 넣는 행동 뒤에 숨어 있던 본질인 휴먼 트루스를 제대로 파악하지 못했다.

스파게티 소스의 직접 소비자는 집에서 다른 가족 구성원을 위해 요리해주는 사람이다. 혼자 사는 사람이라면 대개 나가서 사 먹거나 아니면 반 조리된 레토르트 식품을 사 먹는 편이 편하다. 스파게티 소스를 구매하는 이유는 소스를 만드는 데 필요한 재료나 시간이 턱없이 부족하기 때문이다. 식료품 가게에서 맛과 향을 그럴듯하게 만들어낸 소스를 집어 들 때는 소스 덕분에 시간과 노력을 아낀다고 생각하지만, 마음 한구석에는 가족을 위해 요리다운 요리를 하지 못하는 불편함과 죄책감이 남는다. 그렇다 보니 사온 스파게티 소스에

양파를 썰어 넣는 것이 적어도 '사랑하는 가족들에게 요리를 해주고 있다'는 자기 최면이나 면책하고 싶은 마음이 포함되는 것이다. 스파게티 소스 제조사는 소비자들의 편의와 더 풍부한 맛을 위해 양파를 넣은 제품을 내놓았지만, 양파를 미리 넣음으로써 '나는 요리를 하고 있다'라는 자기 위안의 기회를 없애버린 것이다. 시작부터 실패할 수밖에 없던 운명이었던 셈이다.

요즘에는 밀키트가 참 다양하게 나온다. 마트에 가면 물을 부어 끓이기만 하면 되는 찌개류나 탕류 밀키트가 꽤 많다. 내 아내는 요리를 잘하는 편이다. 주면 주는 대로 먹어야 하고, 또 평가할 수 있는 입장도 아니지만, 내 입맛에도 맞고 아이들도 밥투정해본 적이 없으니 적어도 평균 이상은 하는 것 같다. 그런 아내가 요즘 들어 밀키트를 자주 사 온다. 꾀가 난 것인지 밀키트가 충분히 잘 나와서 재료 손질 같은 수고를 덜어준다고 생각하는지는 모르겠다. 하지만 적어도 밀키트를 있는 그대로 식탁에 올리는 법은 없다. 신선한 채소를 넣고 양념을 더해 익숙하지만 깊은 맛으로 먹게 해준다. 아내도 같은 마음으로 그런 걸까 싶다.

이제는 없어서는 안 될 존재가 된 즉석밥 햇반의 광고가 떠오른다. 비가 오는 학원 앞, 생각보다 늦는 아이를 기다리며 엄마가 남편에게 문자를 보낸다. "늦을 것 같은데 햇반 먹을래요? 미안해요^^"

뒤이어 엄마를 보고 반갑게 뛰어
오는 딸아이와 집에서 아이와 함
께 햇반을 먹는 남편의 모습이 나
온다. 그리고 나오는 한 줄 카피,
"미안해하지 마세요, 미안해하지

"늦을 것 같은데 햇반 먹을래요? 미안해요
^^" 뒤이어 엄마를 보고 반갑게 뛰어오는 딸
아이와 집에서 아이와 함께 햇반을 먹는 남
편의 모습이 나온다. "미안해하지 마세요,
미안해하지 않을 만큼 햇반은 잘 만들었습
니다."

않을 만큼 햇반은 잘 만들었습니다." 한국의 엄마들은 바쁘다. 할 일
이 많다. 가끔은 실제 짓는 밥보다 더 맛있다는 생각이 들기도 한다.
하지만 밥을 짓는 수고가 당연하고 정성이라 생각하는 엄마들에게
"햇반 돌려 먹어"라는 말이 쉽지만은 않다. 그런 미안한 마음이 들지
않을 만큼 잘 만들었다는 카피는 엄마의 죄책감이라는 본질을 잘 꿰
뚫는 광고였다.

　이렇듯 통찰력은 사람을 끌어들이는 힘이 있다. 사람의 마음을 이
해하고, 조급하게 만들기도, 울컥하게도, 미안하게도 만든다. 광고와
마케팅의 궁극적인 목표가 사람들이 브랜드의 편을 들게 하는 것이
라면, 보이는 사실 너머에 있는 진실이 향하는 인간의 따뜻한 본성
에 호소해야 한다.

제2의 감각

2nd Sense

해낸다는
것은
무엇인가

나는 목표에 민감하다. 잘 정리되고 잘 공유된 목표는 많은 시간을 줄여주고, 성공적인 결과를 가져다줄 확률을 높여주기 때문이다. 그 덕분에 일과 생활의 세세한 부분까지 목표를 세우고 실천하려고 한다. 미팅 들어갈 때는 '이 미팅의 목표는 무엇이다'를 설정하고 들어간다. 광고 전략회의에 들어간다면, 적어도 '콘셉트 하나는 건지겠다'는 각오를 다진다. 광고주에게 광고안을 팔러 들어간다면, 적어도 '광고주가 원하는 게 뭔지를 확실히 잡아채겠다'는 마음을 새긴다.

2nd Sense

나는 오직
나를 판다

———————

광고대행사에서 AE가 하는 일 중 가장 중요한 것은 전략과 광고안을 광고주에게 잘 파는 것이다. 광고주 미팅 자리에 CD^{Create Director}가 함께 프레젠테이션했지만 나는 임원이 된 후로도 광고안만큼은 내가 직접 챙겨 팔았다. 광고주가 그걸 기대한 면도 있었고, 아무래도 그게 여러모로 편하고 좋았다. '광고안을 판다'는 말이 그리 고급스럽진 않지만, 그게 가장 정확한 말이거니와 업계에서 써왔던 말이라 달리 표현할 도리가 없다. 그렇게 나는 내 경력 대부분을 '팔면서' 살아왔다.

광고안을 팔지 못하면 들어가서 혼난다며 광고주 담당자에게 최대한 불쌍히 보이려고 생떼를 부리기도 했다.

광고 초년병 시절, 무엇 하나 영근 것 없이 어설펐던 시절에는 강짜도 많이 부렸다. 광고안을 팔지 못하면 들어가서 혼난다며 광고주 담당자에게 최대한 불쌍히 보이려고 생떼를 부리기도 했다. 어이가 없었는지 그 절실함이라도 좋아 보였는지는 모르겠지만, 광고안을 몇 번쯤 사주기도 했다. 이후, 차장 연차쯤 되니 제법 요령도 붙고 자신감도 생겼다. 주워들은 이론을 붙이고, 안을 설명하는 톤도 조금 높아졌으며, 요란한 몸동작도 섞어가며 기획안을 설명할 수 있게 됐다. 주인공이 된 양 연기하면서 광고안을 팔았다. 돌이켜보면 광대도 그런 광대가 없었다 싶어 부끄럽지만, 실제로 그 방법은 먹혀들었고 그렇게 국장이 되었다.

광고회사는 시간 싸움이 중요하다. 광고 전략과 제작물을 잘 만들어야 하는 이유는 대행사 자체의 정체성이기도 하지만, 그래야 살아남을 수 있기 때문이다. 광고회사의 시간은 모두 돈이다. 기획, 제작이 좋은 아이디어로 빨리 안을 결정지으면 다른 광고를 또 할 수 있는 여력이 생긴다. 한 광고에 무한정 시간을 쏟을 수가 없다. 그래서 좋은 안이 필요한 거고, 팔리는 안이 좋은 안이 된다. 기왕이면 '멀티안', '시리즈안'이 좋았다. 한 번에 6개월치 광고안을 다 팔면 그만큼 시간을 아낄 수 있었으니 말이다. 멀티안은 더 많은 제작비와 매체비를 확보할 수 있게 해주었다. 국장 시절 나는 그렇게 회사를 위해 돈벌이에 매진했다. 회사

한정된 자원으로 최대 수익을 올리는 것이 나의 역할이자 임무라고 믿었다. 이때부터, 내가 광고를 파는 방식에도 변화가 생겼다. 광고 아이디어보다 나에 대한 신뢰를 활용했다.

가 나에게 첫 번째로 기대하는 것은 좋은 광고로 상을 타는 게 아니라고 믿었다. 한정된 자원으로 최대 수익을 올리는 것이 나의 역할이자 임무라고 믿었다. 이때부터, 광고를 파는 방식에도 변화가 생겼다. 광고 아이디어보다 나에 대한 신뢰를 활용했다. "각각의 안들은 장단점이 있습니다. 제 경험으로 볼 때, 이 안은 광고를 만들어놓고 보면 더 좋아질 겁니다. 과거에도 같은 논의가 있었지만, 그때 이런 전략과 제작물이 결과적으로 큰 성공을 거뒀습니다. 저 믿고 이 안으로 정하세요. 제가 책임지고 잘 만들어보겠습니다."

　매번 이럴 수는 없지만, 이렇게 하면 그 효과가 상당히 컸다. 큰돈을 써야 하는 광고주 담당자들은 항상 불안하다. 큰돈이 들어가는 미래를 자기 손으로 결정해야 하기 때문이다. 대행사야 안이 안 팔리면 다시 만들면 된다. 하지만 광고주 마케팅팀이나 광고팀은 다르다. 온전히 본인들의 책임이다. 그래서 불안하다. 그럴 때 경력이 화려한 대행사 AE가 믿을 수 있는 보호막이 되곤 한다. "내가 책임지

이제 나는 광고회사의 대표가 아니다. 어디 가서 광고안을 팔 일은 없다. 하지만 지금도 나는 온전히 나를 팔아야 한다.

고 잘 만들겠다"라는 말이 위안이 된다. 나는 그들을 위해, 내 회사를 위해 나를 팔았다.

사정이 그랬으므로 미팅 때, 특히 제작물을 팔 때 옷을 신경 써서 입어야 했다. 자유로운 광고회사의 특성상 청바지에 재킷 차림으로 출근해도 어색하지 않았고, 그보다 더한 개성 있는 복장을 해도 상관없었다. 하지만 나는 그런 미팅일 때면 머리끝에서 발끝까지 제대로 차려입었다. 포켓 스퀘어를 꽂은 말끔한 정장과 조끼까지 차려입고, 넥타이, 양말, 구두 색 모두 깔 맞춰서 입었다. 상대방이 나를 믿을 수 있도록, 말투와 표정은 물론 차려입은 정장에서도 자신감이 드러나도록 했다. 멋지게 입는 것보다 분위기를 압도할 수 있도록 입었다. 특히 중요한 의사결정이 필요하다고 판단되면 갑옷처럼 입고 나갔다. 그렇다 보니 나와 일을 오래 한 광고주 담당자는 미팅 때 내 옷을 보고 분위기를 짐작하기도 했다. 내가 결연했던 만큼 그분들도 그 의미를 곧 알아챘다.

이제 나는 광고회사의 대표가 아니다. 어디 가서 광고안을 팔 일은 없다. 하지만 지금도 나는 온전히 나를 팔아야 한다. 나라는 사람이 매력적이고 신뢰가 가면 내가 하는 일, 나의 행동, 나의 제안에 그

만큼 경쟁력이 생긴다. 나뿐 아니
라 우리 대부분은 무언가를 파는
사람들이다. 흔히 사람들은 팔려
고 하는 물건 자체에만 집중한다.

'나보다 이걸 잘 알고 하는 사람은 없다'는 마음가짐을 먼저 새긴다. 내가 제일 잘 알고 이 분야에서 최고의 전문가는 나밖에 없다는 마음으로 일을 대한다.

그러나 돌이켜보건대, 팔고자 하는 것보다 파는 사람 자체를 호소하는 것이 효과적일 때가 훨씬 많다. 그래서 자기 확신이 중요하다. 자신 있고 여유 있는 자세와 표정이면, 반쯤은 먹고 들어간다. 대개 어려운 부탁을 하거나 설득을 위해 누군가를 만날 때 틀어진 넥타이를 바로잡든, 풀어진 단추를 끼우는 것이든 옷매무새 가다듬는 일부터 한다. 하지만 나는 그보다 물을 한잔 마시고 표정을 풀고, '나만큼 이걸 잘 알고 하는 사람은 없다'는 마음가짐을 먼저 새긴다. 내가 제일 잘 알고 이 분야에서 최고의 전문가는 나밖에 없다는 마음으로 들어간다. 무언가 잘 풀리지 않고, 누군가를 설득하는 데 어려움을 겪는다면, 그건 본인 스스로 자신 없거나 스스로 매력 없다고 여기는 탓이 아닌지 돌아볼 필요가 있다. 제안이든 보고든 주체가 매력이 있을 때 더 큰 기대를 가질 수 있다.

2nd Sense

이것도 제가 해요?
vs. 이것도 제가 해요!

광고회사를 배경으로 한 영화나 드라마가 있다. 대표적으로 생각나는 영화는 〈네온 속으로 노을 지다〉, 〈스위치^{Switch}〉, 〈왓 위민 원트^{What women want, Madman}〉가 있고, 드라마는 최근 화제가 된 〈대행사〉가 있다. 대개 광고회사가 등장하는 작품들에는 제작 쪽 사람들, 특히 CD나 카피라이터 등이 주요 등장인물로 등장한다.

〈왓 위민 원트〉의 국내 상영 당시 남자주인공 멜 깁슨이 '기획부장'으로 등장했는데, 사실 번역의 문제였을 뿐 실제 역할은 CD였다. 〈네온 속으로 노을 지다〉에서 여자주인공 채시라 씨는 극 중 카피라이터였고, 남자주인공 문성근 씨의 역할은 CF 감독이었다. 광고회사를 다룬 에피소드 대부분이 아주 특출 난 역량을 발휘하는 제작 쪽 사람들이 등장해 광고를 만들거나, 경쟁 프레젠테이션에서 광고를 가져오며, 성공을 거두는 내용으로 꾸며진다. 간혹 AE가 등장하긴 하지만, 그리 비중 있게 등장하지 않거나 혹은 암투를 벌이거나 극 중 악역으로 등장하는 경우가 많다. 그렇다 보니 일반인들은 제작 일이 어떤 일인지 조금이나마 감을 잡지만, AE이라는 직책이 있는 지, 또 그 중요성을 이해하기 쉽지 않다. 광고 초년병 시절부터 오랜 시간 AE로 잔뼈가 굵었던 나로서는 이런 풍토(?)가 내심 서운한 감이 들곤 했다. 화려하지 않을 수는 있어도 아주 중요한 역할이라 생각하기 때문이다.

'Account Executive'라 불리는 AE는 오케스트라로 따지면 지휘자의 역할이고, 차로 따지면 핸들에 해당한다. 예전에 카피라이터를 '광고의 꽃'이라 부르는 시절이 있었다. 그런 그때, '광고회사의 꽃'으로 불리던 직군이 있었는데, 바로 AE다.

AE는 광고주라 불리는 고객사

> 'Account Executive'라 불리는 AE는 오케스트라로 따지면 지휘자의 역할이고, 차로 따지면 핸들에 해당한다. 카피라이터가 '광고의 꽃'이라면 AE는 '광고회사의 꽃'으로 불렸다.

와 광고회사의 소통 창구로서 역할을 도맡아야 한다. 광고 의뢰부터, 광고 리뷰, 광고가 완성된 후 사후 정산까지, 광고의 시작에서 끝까지 모든 순간을 함께한다. 그렇다 보니 광고주 관리에 1년 열두 달 365일을 쉼 없이 달려야 한다. 과거와 조금은 달라졌다고는 해도 광고주 접대를 담당하는 것은 여전히 AE의 몫이다. AE 초년 시절에는 광고주와 술자리도 많았고, 퇴근 이후 함께 당구를 치거나 카드게임에 응해야 하는 경우도 많았다. 요즘이야, 이런저런 말이 나올 수 있고 젊은 직원들은 이해 못할 일이지만, 당시만 해도 광고주는 물론 광고회사 직원 모두가 이 '관행'을 당연하게 받아들였다. 심지어 그런 자리가 없을 때 오히려 더 불안한 느낌이 들곤 했다. 얼마 전 주말, 정말 오랜만에 계동 현대그룹 사옥(예전 현대자동차가 입주해 있던 건물이다) 근처에서 식사 모임이 있었다. 불현듯 그때가 떠올랐다. 당시에는 '안집'이라는 한식집이 있었다. 그리 크지도 않고, 한정식이라 부르기에는 좀 못 미치는 식당이었다. 여기서 현대자동차 광고팀 사람들과 금강기획 현대자동차 담당 AE들이 이따금 모여서 포커를 쳤다. 내 기억에 왜곡이 있을 수 있지만, 이 자리에는 낭만이랄 것이 조금은 있었다. 광고주라고 해서 일부러 잃어주지 않았고 잃든 따든 '쿨'하게 헤어졌다. 그들은 전날 잃었다고 다음날 업무에서 감정을 드러내지 않았다. 거꾸로 나는 광고안이 안 팔리거나, 제작비를 삭감당하기라도 하면 저녁에 독을 품고 카드를 쳐서 광고주의 돈을 땄다. 이때 중간중간 진행 상황에 관한 불평을 듣는 일도 AE의 몫이었다. 제작물이 마음에 안 들어도, 매체 집행에 문제가 생겨도, 광고회사와 관련된 모든 민원이 먼저 AE에게 전달됐는데, 우리끼리 "하도 욕을 많이 먹어서, 모두가 죽어도 AE만 남을 것"이라는 농담 아닌 농담을 나누기도 했다.

AE가 하는 중요한 또 다른 일은 광고를 진행하는 데 필요한 전략을 수립하고, 설계도에 해당하는 광고 브리프brief를 작성하는 것이다. 예를 들어, 현대자동차에서 그랜저 광고를 의뢰한다면, 현대자동차 마케팅팀은 제품 정보는 물론, 광고회사에 바라는 사항 등을 정리해 AE에게 광고주 브리프를 전달한다. 그러면 AE는 광고주 브리프를 바탕으로 어떤 광고를 만들어야 하는지, 그 전략을 고민한다. 그랜저를 타는 사람들의 승차감을 말할 것인지, '올 타임 클래식all time classic'과 같은 스테디셀러 명차임을 드러내는 광고를 만들 것인지, 아니면 디자인이나 기능적인 혁신성을 강조할지 등 다양한 전략 방향을 고민하고, 그 고민을 바탕으로 애드 브리프AD brief를 작성한다. 이 애드 브리프를 바탕으로 CD는 광

> AE가 하는 또 다른 중요한 일은 광고를 진행하는 데 필요한 전략을 수립하고, 설계도에 해당하는 광고 브리프를 작성하는 것이다. 이는 광고주, 제작팀, 매체팀의 다양한 의사를 반영해야 하는 일로 탁월한 조율 능력이 필요하다.

고 표현 전략과 크리에이티브를 놓고 고민하게 되는 것이다. 아울러, 광고 매체 부서가 미디어 브리프^{media brief}라 불리는 매체 집행 계획을 짤 수 있도록 준비하는 것도 AE의 역할이다. 사실상 AE가 하는 일 중 가장 중요한 본래의 역할이 바로 이 브리프 작성이다. 제작물이 나오게 되면 그 판단 기준이 제작물이 좋냐 나쁘냐를 판단하기 전에, AE가 작성한 브리프에 충실했는지^{on brief} 그렇지 않은지를 먼저 보게 된다. 광고가 될 수 있는 첫 번째 문턱으로 보면 된다. 신선함이나 크리에이티브는 그다음 문제다. 물론, 브리프에 부합하지 않았더라도 누가 보더라도 감탄할 만한 결과물이 나온다면 예외적으로 채택되기도 하지만, 사실 그런 일이 잦지는 않다. 원칙은 AE 브리프에 맞는지 아닌지가 중요하다.

세 번째로, 경쟁 프레젠테이션이든 그렇지 않은 기존 광고주의 광고 캠페인이든, 전체를 진행하고 조율하며 이끌어가는 역할을 맡는다. 일정을 조정하고, 각 담당의 리뷰(기획, 제작, 매체)를 진행한다. 프레젠테이션 리허설을 진행하고 CD와 협의하지만, 일반적으로 최종 제작물을 어떻게 제출할지 결정하는 역할 역시 대부분 AE가 맡는다.

마지막으로, 각종 계약서를 담당하고, 제작비를 협의하고, 전체 예산을 관장하는 것도 AE의 몫이다. AE라는 말이 원래 은행 업무에서 기인한 것에서도 알 수 있다. 은행에서 개인의 예금 계좌^{Account}를 담당했던 사람을 AE라고 불렀는데, 광고에서도 하나의 광고주^{Account}를 관장하는 사람이라는 데 착안해서 이 직책이 도입된 것이다. 즉, 광고의 시작점인 광고 의뢰를 받는 것에서, 최종 정산하고 돈을 받아오는 것까지가 AE의 역할이다. 몇 년 전, 중국 프로젝트를 진행한 적이 있었다. 당시 중국 광고주 내부 의사 결정상, 우리 회사로 직접 돈을 지급할 방법이 없던 터라, 중국 광고주 대행사로 돈을 지급하고 그 대행사가 우리 회사로 돈을 지급하도록 협의를 마치고 광고를 제작했다. 그런데 중국 광고주는 협의대로 금액을 지급했으나, 그 중간 대행사가 차일피일 지급을 미루고 버티는 일이 일어났다. 하는 수 없이 베이징으로 날아가, 그 회사 로비에서 사장을 만나겠다고 하루 종일 기다리며 시위 아닌 시위를 해야만 했다. 그날 사장을 만나지는 못했지만, 다행히 그다음 주에 돈이 입금되었다. 누구나 차마 하기 싫고, 하지 않았으면 하는 일이 떼인 돈을 받아내는 일이다. 어쩌다 보니 그런 일까지 해본 셈이 되었다.

실상 광고화면은 창조적인 화려함 이면의 궂은일로 만들어진다. 이런 역할이 광고에만 해당하지는 않을 것이다. 하는 일은 달라도 세상 모든 일이 돌아가는 이치는 비슷하다. 보이는 것이 전부가 아니고, 그 밑에서 각자의 역할을 하는 사람들이 일을 마무리한다. 그

광고화면은 창조적인 화려함 이면의 궂은일로 만들어진다. 하는 일은 달라도 세상의 원리는 같다. 보이는 것이 전부가 아니고, 그 밑에서 역할을 하는 사람들이 일을 마무리한다.

덕분이었는지, 나는 결국, 경영자의 자리까지 올랐다. 과거 주변 분들은 광고 일에 종사하는 내가 특별함이 있을 것이라는 은근한 기대를 하지만, 솔직히 나는 특별한 재주를 가졌다고 생각해본 일이 없다. 다시 처음 질문, 왜 AE가 오케스트라의 지휘자일까? 자동차의 핸들이자, 광고회사의 꽃이어서? 완벽한 정답은 아닌 것 같다. 단지, "이것도 제가 해요?"가 아닌 "이것도 제가 해요!"가 아닐까 싶다.

2nd Sense

단 한 번의 포지셔닝, 26년을 이겨내다

마케팅에서 참 많이 언급되고, 또 광고에서도 항상 사용되는 개념이 포지셔닝이다. 1969년 발표된 알 리스$^{Al\ Ries}$와 잭 트라우트$^{Jack\ Trout}$의 '포지셔닝' 개념은 마케팅의 절대 반지처럼 영역을 넘어 아주 오랫동안 절대적인 위치를 차지했다. 세분화^{Segmentation}, 표적^{Targeting}, 포지셔닝^{Positioning}이 합쳐진, 이른바 STP는 마케팅에 몸담지 않은 사람들이라도 몇 번 들어봤을 개념이다. 그런데 그런 포지셔닝을 다룰 때마다 먼저 떠오르는 기억이 있다.

중학교 시절 미술부 선배이자, 첫 직장인 금강기획 공채 1년 선배 사무실에 들렀을 때의 일이다. 나는 공채 출신으로 입사 동기들이 꽤 있었다. 당시 금강기획이 전성기를 누리던 시기여서 회사는 성장을 염두에 두고 다양한 사업 분야의 신입사원을 뽑았다. 웬만한 중형 광고회사 전체 인원에 해당하는 57명의 신입사원을 뽑았으니, 말이 입사 동기지 30여 년이 지난 지금 그때 이름과 얼굴을 떠올리기 쉽지 않았다. 선배가 문득 누군가가 떠올랐는지 내게 물었다. "너 XXX 알지?" 이름 석 자를 댔다. 단번에 기억나지 않아 잠시 기억을 더듬는 사이, "왜, 고기 잘 먹던 아트(아트 디렉터로 디자인/그래픽 관련 직종) 있었잖아?" 그렇게 들으니 그녀를 단숨에 떠올릴 수 있었다. 동시에 몇 명의 동기들이 함께 내 기억의 방에서 나왔다.

신입사원이 모두 한자리에 모여 자기소개를 하던 자리였다. 자기 직종, 출신 학교와 나이 등을 말하면서 잘 부탁한다고 인사를 하던 와중에 특이한 자기소개를 한 두 동기가 있었다. "안녕하세요, 인사 잘하는 아트 XXX입니다." "안녕하세요, 고기 잘 먹는 아트 XXX입니다." 그 친구들 말고도 기억에 남을 만한 친구들이 있긴 했다. 아버님이 목사님이며 이름이 특이했던 친구라든가, 나와 같은 광고 기획 쪽 친구들도 있었다. 하지만 '인사 잘하는 아트'와 '고기 잘 먹는 아트' 이 둘은 낯선 만남 속에서도 금방 머릿속에 자리를 잡았고, 이

후에도 그 친구들을 유심히 보게 되었다. '인사 잘하는 아트'는 정말
로 선배들에게 인사를 잘했고, '고기 잘 먹는 아트'는 깡마른 체형이
었지만 정말 고기를 잘, 그것도 아주 많이 복스럽게 먹는 친구였다.

　30년 가까이 지나면서 기억에서 사라진 듯했던 친구들이었지만,
'고기 잘 먹던 아트'라는 말 한마디로 마치 어제 일처럼 다시 떠올릴
수 있게 하는 힘, 나는 이런 것이 포지셔닝이 아닌가 생각한다. 파는
물건이나 브랜드만 포지셔닝이 필요한 건 아니다. 직장과 학교뿐 아
니라 심지어 친한 친구들과의 관계 속에서도 포지셔닝이 있고, 좌지
우지하는 때가 많다. 아주 편안한 관계라 할지라도 단 한 번의 포지
셔닝이 몇 년 몇십 년 쭉 이어진다. 과거 똑똑했던 친구가 지금도 똑
똑할 것만 같고, 같은 말이라도 그의 말을 신뢰 있게 생각한다. 오랜
시간이 지나면 변하기도 하지만, 사람에 관한 인식을 바꾸는 일이
생각보다 어렵다. 하물며 사적 관계가 아닌 공적 관계에서의 포지셔
닝은 더하면 더했지 덜하지 않다. 오랜 시간 일하며 느낀 것 중 하나
는, 거둔 성과에 비해 좋은 평가
를 받는 사람이 있고, 반대로 저
평가받는 사람이 '항상' 있었다는
점이다. 같은 일을 해도 누구는

> 파는 물건이나 브랜드만 포지셔닝이 필요한
> 건 아니다. 직장과 학교뿐 아니라 심지어 친
> 한 친구들과의 관계 속에서도 포지셔닝이 있
> 고, 좌지우지하는 때가 많다.

같은 일을 해도 누구는 더 잘하는 것처럼, 누구는 조금 아쉽게 느껴지는 착시가 늘 존재한다.

더 잘하는 것처럼, 누구는 조금 아쉽게 느껴지는 착시가 존재한다. 경영자의 자리에 가서는 정당한 평가에 제법 신경을 썼던 부분인데, 정량화가 그리 쉽지만은 않았다. 어쨌든, 그 둘을 가른 결정적 차이가 바로 포지셔닝, 한마디로 다른 이들이 실제 값보다 그를 좋게 평가하는 것이다. 도대체 그 차이가 어디에서 비롯된 걸까?

예전 팀장 시절, 인턴 교육 때 광고회사에서 첫 출발을 잘하려면 어떻게 해야 하는지 인턴들로부터 질문을 받은 적 있다. 다른 동료들은 어떤 책을 유심히 보고, 어떻게 아이디어를 내는지 살펴볼 것을 조언했다. 인턴사원들에게 유용한 팁일 수는 있지만, 나는 그보다 더 중요한 것이 있다고 생각했다. "남들보다 15분 일찍 오고, 누구와 마주치든 크고 빠르게 인사하세요." 꼰대 같은 답변일 수 있지만, 나는 태도보다 더 중요한 것은 없다고 생각한다. 조금 더 솔직해지자면, 회사들은 대개 신입사원들에게 큰 기대가 없다. 입사하자마자 번뜩이는 재능으로 팀과 회사를 구하며 모두를 감동시키는 일은 드라마에서나 나오는 판타지지, 현실이 아니다. 현실에서의 신입사원은 오늘 당장 요긴하게 쓰이기보다 앞으로 회사를 이끌 미래 자원

으로 간주한다. 데뷔하자마자 스 **입사하자마자 처음부터 번뜩이는 재능으로**
타에 오르는 운동선수처럼 처음 **팀과 회사를 구하며 모두를 감동시키는 일은**
부터 잘하면 좋겠지만, 현실적으 **드라마에서나 나오는 판타지다.**
로 그런 경우는 흔치 않다. 내 경험에 비춰보면, 오히려 다양한 그림
을 채울 수 있는 빈 도화지 같은 수용성 좋은 인재를 좋아한다. 일찍
출근하고, 인사 잘하는 태도를 갖춘 신입은 누구에게라도 사랑받는
다. 그렇게 몇 달을 보내고 나면 좋은 인상과 평을 받는 신입이 된다.
즉, 인상 좋고 성실한 친구라는 포지셔닝이 만들어지는 것이다. 그러
면 적잖은 지지자 덕분에 본인의 일을 해내기 수월해진다.

어느 날, 잘 알고 지내는 광고기획팀장이 포지셔닝으로 고민을 토
로했다. 내가 아는 한 그녀는 유달리 성격이 좋은 탓에 특별한 고민
이랄 게 없어 보였던 친구였다. 시원시원한 성격에, 술도 제법 잘 마
시고, 사람을 잘 다룰 줄 아는 팀장이었다. 실제로 광고주들도 그녀
의 기획력보다 성격과 관계를 더 높이 샀다. 물론 그녀는 그걸 나쁘
게만 여기지는 않았지만, 사람들의 선입견 때문에 본인의 장점을 살
릴 수 있는 기회를 가질 수 없다고 여기고 있었다. 나는 이미 그녀가
가진 다른 재능들을 알고 있던 터라, 업무에 필요한 포지셔닝에 관
한 이런저런 조언을 해주었지만, 사실 한 번 잘못 자리 잡힌 포지셔

닝을 바꾸는 것이 그리 쉬운 일은 아니다.

　신입 시절 내 포지셔닝은 간단했다. '자동차를 잘 아는 신입'이었다. 하지만 고백하자면, 솔직히 나는 차를 잘 알지 못했다. 집이 좀 멀어서 자차로 출퇴근했을 뿐인데, 희한하게 차를 좀 아는 친구로 보였던 모양이다. 그렇게 해서 현대자동차 전담팀이 되었고, 자동차를 전담하다 보니 그 뒤로도 쭉 자동차를 잘 아는 AE로 포지셔닝됐다. 이 같은 싱거운 이유로 시작했지만, 자동차팀 발령 후 제원과 마력 등등이 나온 카탈로그를 모조리 외우다시피 했다. 그렇게 해서 생긴 별명이 '빠떼리'였다. 나중에 이노션Innocean의 초대 사장이 되신 당시 팀장님께서 붙여주신 별명이었다. 광고 일을 때려치우더라도 자동차 고쳐서 평생 먹고 살 수 있겠다는 의미였다. 신입인 나한테는 칭찬이었다. 이후에 다른 광고를 해보고 싶어서 '레오버넷'이라는 미국계 광고회사로 옮긴 후에는 맥도날드 광고를 담당했다. 하지만 그것도 잠시 그 회사에 사브와 캐딜락이라는 수입차 브랜드가 들어오게 되면서 곧바로 담당자가 됐다. 그 뒤로도 이것들이 경력으로 인정돼 수입 자동차 마케팅팀장 자리로 옮겼고, 다시 웰콤의 르노삼성자동차팀 팀장으로 재직하면서, 진짜로 자동차에 대해 잘 알게 되었다. 솔직히 처음부터 내

신입 시절 내 포지셔닝은 간단했다. '자동차를 잘 아는 신입'이었다. 그러나 고백하자면, 솔직히 나는 차를 잘 알지 못했다.

가 하고 싶었던 일은 주류나 식음료 광고였다. 좋든 싫든, 이게 포지셔닝의 결과물이다. 돌이켜보면, 자동차를 잘 아는 AE라는 포지셔닝 덕을 보며 살았다. 금강기획의 간판이자 잘나간다는 현대자동차 전담팀에 발령이 난 것도, 웰콤에서 제일 큰 광고주인 르노삼성자동차 팀 팀장으로, 담당 임원과 대표까지 될 수 있었던 것도 모두 이 포지셔닝 덕이었다. 이게 포지셔닝의 힘이 아닐까 싶다.

호감은
기술이 아니다,
태도다

영업하는 사람들이라면 한 번쯤 들어봤을 이름이 있다. 조 지라드[Joe Girard]라는 미국의 자동차 영업자로, 12년 연속 기네스북에 세계에서 가장 많은 차를 판 사람으로 등재되기도 했다. 그는 그 기간을 포함해 15년간 약 1만 3,000여 대를 계약으로 이끈 전설적인 영업맨이었다. 훗날 "고객은 그들이 좋아하는 영업사원으로부터 차를 산다"라는 명언 아닌 명언을 남기기도 했는데, 이 말은 사람들이 어떤 제품의 장점보다 판매자에 대해 호감을 느꼈을 때 구매 확률이 훨씬 높다는 호감의 법칙에 따른 것이다. 그는 또 '250의 법칙'을 만들어

낸 것으로도 유명한데, 결혼식장 평균 하객 수에 기초해 한 사람이 일반적으로 250명의 인적 네트워

단 한 명의 고객을 내 편으로 만든다면 산술적으로 250명의 잠재 고객을 확보할 수 있다

크를 가진다는 원리를 발견하고, 한 명의 고객이 미치는 파장이 250명까지 확대할 수 있다고 주장한 것이 이 법칙이다. 즉, 단 한 명의 고객을 내 편으로 만든다면 산술적으로 250명의 잠재 고객을 확보할 수 있다는 말이다. 관계에 관한 한계에 대해서는 이런저런 주장이 있고, 또 이 주장이 어디까지 과학적인지는 '믿거나 말거나'지만, 호감이 주는 파급력을 가늠하기에는 부족함이 없는 말이다.

대학원 재학 시절, 담당 교수님께서 갑작스럽게 미국으로 교환교수로 떠난 탓에 잠시 휴학해야 하는 일이 있었다. 내가 전공했던 국제정치경제학 교수님이 학교에 단 한 분뿐이었던 터라, 전공을 바꾸지 않고서는 별다른 방법이 없었다. 그렇게 반강제적인 휴학을 하면서 아르바이트로 뭘 할까 고민하다가, 지인의 소개로 주방용 칼을 파는 방판 아르바이트를 하게 되었다. 소개를 받아서 연락하고 찾았다지만 생전 처음 보는 사람의 집 거실에 앉아 칼을 꺼내놓고 팔았으니, 지금 생각해보면 낯설면서도 우스운 상황이었다. 칼 성능을 시연하고 주문을 받기까지 대략 30분 정도가 걸렸다. 그때 칼 시연을

집에 칼이 없는 사람은 없다. 아마 당장 필요해서 사는 분도 있었겠지만, 내가 느끼기에는 그냥 사주는 것처럼 보였다.

프레젠테이션이라고 불렀으니 나는 광고회사에 입사하기 전부터 이미 프레젠테이션 경력자였던 셈이다.

그 일을 시작한 지 얼마 되지 않았음에도, 내 실적은 꽤 괜찮은 편이었다. 무엇보다 세트를 잘 팔았다. 단품도 있었지만, 그보다 다섯 자루부터 열 자루 세트를 주로 팔았다. 용도가 조금씩 다른 열 자루의 칼과 가위, 국자가 포함된 세트가 76만 원이었는데, 그 당시 신입사원 월급이 세후 100만 원 정도였으니 절대 싸지 않은 금액이었다. 나보다 먼저 시작해서 꽤 좋은 실적을 냈던 남녀 두 명이 있었다. 그 둘은 스타일이 달랐지만, 공통점이 있었다. 둘 다 어머니들이 좋아하는 애교 많은 딸과 넉살 좋은 아들처럼 굴었다. 당장에 쓸 칼이 없는 집이 있을 리 없으니, 아마도 나중을 위해 미리 사두는 거였을 것이다. 그러니 판매는 자연스럽게 아르바이트생 개인 능력에 좌우될 수밖에 없었다.

언젠가 광장동 어느 아파트 가정에 방문했던 때였다. 어머니 고객분이 내가 파는 칼을 이미 잘 알고 계시는 눈치였다. 나중에 여쭤보니, 이미 다른 아르바이트생이 다녀갔고 내가 두 번째 방문이라고 했다. 다만 그때는 어찌어찌해서 사지 않으셨지만, 내가 찾았을 때는 한 세트 주문해주셨다. 아들뻘 되는 학생이 고생하는 게 안쓰럽기도, 또 기특하기도 해서 구매하셨다는 말씀도 덧붙였다. 조 지라드의 말처럼 "고객은 그들이 좋아하는 영업사원으로부터 차를 산다"는 그 경우가 나에게도 한 번은 있었던 셈이다. 하지만 나보다 먼저 찾았던 아르바이트생이 제품에 대한 비호감도를 높였다면, 내 제품을 구매하지 않았을 것이다. 그러니 그의 공도 전혀 없다고는 말할 수 없다. 어쨌든 그 여성 고객은 내게 다른 아르바이트생에게서 느끼지 못했던 호감을 가졌던 것은 사실이고, 나는 그 덕을 본 셈이다. 칼이 딱히 좋아진 것도 아니고 가격이 더 싸진 것도 아닌, 호감의 차이다.

물론, 호감이 절대적인 건 아니다. 하지만 '이왕이면 다홍치마'라는 말처럼 모든 품질이 상향 평준화된 상황에서 차이를 만드는 중요한 요소임은 틀림없다. 오늘날, 품질과 서비스가 경쟁사보다 월등히 앞선다고 'No.1'을 독차지한 것이 있던가? 나는 들어본 일이 없다. 심지어 세계 스마트폰 시장지배자 아이폰도 신제품이 나올 때마다 품질과 서비스에 대한 비판을 면치 못한다. 그렇다면 무엇이 차이를 만들어낼까? 그게 호감이다.

사람들은 대개 잘생기거나 예쁘고 인상 좋은 외모를 가진 사람에게 마음이 끌린다. 객관적이든 주관적이든 외모가 좋은 사람에게서

외모가 그 첫인상을 결정할 수는 있지만, 마지막 인상까지 결정할 수는 없다. 관계가 꾸준하게 유지된다면, 호감도는 외모보다 친절함, 세심함 등의 상대를 대하는 태도에 의해 더 크게 좌우된다.

능력, 친절, 정직, 영리함을 떠올린다는 몇몇 연구에서도 볼 수 있듯이, 어느 정도는 맞는 말이다. 하지만 외모가 그 첫인상을 결정할 수는 있어도 마지막 인상까지 결정할 수는 없다. 관계가 꾸준히 유지될 때, 호감도는 외모가 아닌 상대를 대하는 태도에 의해 훨씬 더 크게 좌우된다. 진심으로 존중하고 배려한다는 느낌이 드는 상대를 싫어하는 사람은 없다. 내가 좋아하면 남도 날 좋아할 수밖에 없다. 상대방이 나에 대해 호감을 갖게 하고 싶다면, 내가 먼저 마음에서 상대방을 좋게 보려고 노력해야 한다. 우리는 연기자가 아니다. 속으로는 욕하면서, 앞에서는 웃는 얼굴로 좋은 인상을 주려 해도 드러나기 마련이다. 상대방에게 좋은 생각을 가지면 내가 의식하지 않더라도 나의 말투와 표정에서 온화함이 묻어난다. 그게 호감을 얻는 가장 쉽고 빠른 길이다.

웰콤에 입사했을 무렵, 내가 담당하게 된 광고주 한 분의 고약한 성품이 회사 내 사람들의 입길에 올랐다. 전임 팀장은 심지어 그 광고주 때문에 울었다는 괴담 같은 이야기가 들려오기도 했다. 그런 소문 탓에 광고주 미팅을 앞두고는 평소와 달리 괜한 긴장감이 들었다. 하지만 나는 그 광고주와 첫 미팅이 있던 날, 스스로 이렇게 다짐했다. '그도 무언가 하나라도 좋은 점이 있을 것이다. 운 좋으면 그걸 오늘 찾을 수도 있겠지만, 오늘이 아니어도 곧 찾을 수 있을 것이다.' 그날이 오늘이길 바라며, 나는 인사를 겸한 미팅을 했다. 그런데 결론부터 말하면, 그는 매우 좋은 사람이었다. 고약하다는 건 찾아볼 수 없었고, 그 미팅도 무사히 잘 마칠 수 있었다. 게다가 훗날 그에게 많은 도움을 받기까지 했고, 둘 다 회사를 떠난 이후에도 자주 왕래를 하며 요즘도 잘 지내고 있다. "그러셨군요. 그래서 힘드셨군요." 그와 처음 마주한 자리에서 나는 그의 말 한마디 한마디에 귀 기울였다. 어쩌면 당연한 일이었다. 나는 이제 막 입사한 이직자였고, 그가 어떤 방식으로 일하고 싶은지를 알아야 했다. 열심히 듣고 공감했다. 전 회사에서의 내 경험을 공유하고 내 경험으로 충분히 도울 수 있을 것이라는 점을 진심으로 설명했다. 훗날 서로 가까워진 후, 그는 그날의 미팅에 대해 이렇게 말했다. "신 팀장님이 첫날 미팅에 오셨을 때, 제 이야기를 한마디라도 안 놓치겠다는 사람처럼 들어주시고, 끄덕여주셨죠. 그날 이후 그 회사 광고기획팀에 가지고 있던 모든 불만이 사라졌어요."

호감을 얻는 일이 기술은 아니지만, 때로는 기술도 필요하다. 대화 속에서 공감을 얻기 위해 상대의 태도와 반응에 주의를 기울여야 한다. 나는 상대의 말을 경청할 때라면 최대한 눈을 맞춘다. 대화하면서 상대방을 눈을 응시하는 것은 내가 당신의 이야기에 집중하고 있다는 최고의 선의다. 그리고 최대한 상체를 앞당겨 상대의 말을 들어준다. 가장 좋지 않은 행동은 몸을 뒤로 젖히고 팔짱을 끼는 것이다. 얼마 전 유튜브 쇼츠Shots에 한 영상이 화제가 된 일이 있다. '모든 여자가 좋아하는 여자'라는 제목의 짧은 영상이었는데, 가수 정은지 씨가 등장하는 콘텐츠였다. 정은지 씨는 줄곧 딱 한 마디만 반복했다. "그랬구나, 그래서 힘들었구나." 이 단순해 보이는 한마디의 말이 사람의 마음을 풀어내고 내게 다가오게 하는 힘이 있다. 이와 관련해 '123 대화 기법'이라는 것이 있다. 한 번 말하고, 두 번 듣고, 세 번 맞장구를 치라는 게 그 내용이다. 대화 속에서 호감을 못 얻는 건 말을 잘못해서가 아니라 제대로 듣지 않아서인 경우가 더 많다. 사람들은 자신의 말을 잘 들어주는 사람에게 호감을 느낀다. 관심과 이해, 경청 그리고 진심 어린 반응이 합쳐지면 그 파급력이 대단하다.

칭찬을 싫어하는 사람은 없다. 칭찬을 낯 뜨겁게 여기는 사람들이

종종 있다. 심지어 아부로 폄하하
는 일도 많다. 남을 칭찬하는 일
에 어색해하는 것이다. 하지만 그
이유로 칭찬의 힘이 더 클 수밖에

> 칭찬은 관찰과 배려의 조합으로 나오는 마법
> 이다. 남을 칭찬하려면 일단 그 사람에게 관
> 심이 있어야 하고, 그 사람에 대한 관심, 즉
> 관찰하는 노력이 있어야 한다.

없다. 칭찬은 관찰과 배려의 조합으로 나오는 마법이다. 남을 칭찬
하려면 일단 그 사람에게 관심이 있어야 하고, 그 사람에 대한 관심,
즉 관찰하는 노력이 있어야 한다. 아침에 평소 좋아하는 예쁜 니트
를 입고 출근한 사람은 누군가가 본인이 신경 쓴 만큼 그것에 대해
알아주기를 바란다. 열심히 조사해서 좋은 기획서를 썼다면, 그 노력
에 대해 알아주고 표현해주기를 바란다. 그 바람에 호응해주는 것이
칭찬이다. 칭찬할 때 굳이 세밀하게 표현할 필요도 없다. 자칫 자세
히 표현하려다 보면 불필요한 실수를 할 수도 있다. 내 경우에는 약
간의 감탄사와 함께 짧은 말을 덧붙이는 정도다. 기획서가 괜찮다면,
"와, 이거 정말 멋지네." 뭐 이런 식이다. 좋은 것도 구구절절 이유를
달게 되면, 종종 단점을 지적하게 되고, 안 하느니만 못한 칭찬이 돼
버리고 만다. 짧지만 감탄사가 동반된 칭찬은 그렇게 어렵지 않다.
단, 진심을 담아서.

당신의 솔직함이
'유니크'하다

몇 년 전 연말 방송사 연예 대상 시상식 때의 일이다. 개그맨 겸 진행자였던 이경규 씨가 최우수상을 받으며 했던 수상 소감이 인상적이었다. 사실 최우수상을 받았다는 것은 대상을 받을 수 없다는 것을 의미했고, 내심 대상을 기대했던 그는 특유의 솔직한 감정표현으로 수상 소감을 말했다. 나는 별생각 없이 보다가 웃음을 터뜨리고 말았다. "감사합니다. 모든 것이 물거품으로 돌아갔습니다"로 시작한 소감은 듣는 내내 방청객과 같이 시상식에 참여한 시상자들, 듣는 나 모두를 웃게 했다. 중간에 진지한 소감도, 항상 대상에 도전하는 연예인이 되겠다는 포부도 있었지만, 마지막은 개그맨답게 "섭섭하기 짝이 없습니다"로 웃음을 주며 마무리했다.

"감사합니다. 모든 것이 물거품으로 돌아갔습니다"로 시작한 이경규 씨의 소감은, 섭섭한 감정을 직업적 재치로 풀어내는 그만의 독특한 능력을 잘 잘 보여주었다.

객석의 많은 후배 예능인들과 관객들은 처음과 마지막 소감에 특히 환호하고 큰 박수를 보냈다. 대상을 기대했던 사람이 최우수상을 받았다면, 누구라도 섭섭한 마음이 들었을 것이다. 그는 분명히 섭섭하다고 했다. 그런데 관객들은 왜 그를 향해 환호하고 박수를 보냈을까? 그리고 나는 왜 웃음을 터뜨렸을까? 물론, 재미있어서다. 하지만 사람들은 서운한 감정을 직업적 재치로 묻어낸 그만의 솔직함에 환호했을 것이다.

애경에서 만든 리큐^{LiQ}라는 세제가 있다. 애경은 2010년대 초반 리큐를 출시하며, 세제를 정량만 사용하자는 캠페인을 진행했다. "세제를 많이 넣어도 세탁력은 강력해지지 않습니다. 환경 보호를 위해 딱 정량만 쓰세요"가 그들의 핵심 카피였다. 누가 보더라도 세제는 환경을 위협하는 세탁 용품이다. 소비자들은 과용하면 안 되는 줄 알면서도 더 깨끗한 빨래를 위해 안내된 용량보다 더 쓰는 경향이 있다. 애경은 정량을 사용해도 빨래가 더 깨끗해지지 않는다는 진실을 솔직하게 고백하면서도, 환경을 생각하는 기업이라는 공익적 이미지를 동시에 잡아냈다. 1회 사용량이 상대적으로 줄게 되면 매출이 떨어질 것 같지만, 실제로 이 캠페인 이후 제품의 매출액은 급상승했다. 저 솔직한 말에 공감한 소비자들이 더 찾게 되었기 때문이다.

아름다운 가게에서 만드는 초콜릿은 한술 더 뜬다. "자기 전에 많이 먹지 마라, 이빨 썩는다", "많이 먹으면 살찐다"처럼 아빠, 엄마가 할 법한 잔소리를 카피로 표현했다. 초콜릿 이름도 그냥 초콜릿이다. 초콜릿을 많이 먹으면 살이 찐다거나 이가 썩는 부작용을 모르는 사람은 없다. 맛있어서, 고소하고 달콤해서 먹는 거다. 그러니 초콜릿의 약점은 아니다. 만약 살이 찌지 않는 초콜릿, 이가 썩지 않는 초콜릿으로 홍보했다면 누가 봐도 거짓말이다. 초콜릿의 부작용을 솔직하고 재미있게 풀어낸 것이다. 그런데 여기서 반전 하나를 추가한다. 이 초콜릿의 원료가 되는 카카오는 공정무역 제품이다. 결과적으로 솔직한 재미와 가치를 향한 의미 두 가지를 건져낸 것이다. 이처럼 파격적인 솔직함이 화려한 카피나 광고를 이길 수 있는 것은 솔직함이 귀하기 때문이다.

오래전 SNS에서 사람들이 열

초콜릿 이름도 그냥 초콜릿이다. 초콜릿을 많이 먹으면 살이 찐다거나 이가 썩는 부작용을 모르는 사람은 없다. 맛있어서, 고소하고 달콤해서 먹는 거다. 그러니 초콜릿의 약점은 아니다.

광했던 사진 하나가 있다. '좋아요' 수만 개를 받았던 사진이다. 식당 벽에 붙어 있던 메뉴판 사진이었다. 단순 투박하게 "알림, 돼지고깃값 인하로 아래와 같이 내려받습니다. 수육 종전 18,000원, 현재 15,000원. 맛있게 드시고 항상 건강하세요." 심지어 서체도 궁서체다. 내 인생에서, 식당 음식값이 재료비 내렸다고 내려간 적은 보지 못했다. 이 식당은 그 대단한 걸 해낸 식당이었다. 어찌 보면 사람들이 열광하는 게 당연한 일이다. 정부가 소주에 붙는 세금 100원을 올리면 식당에서는 소줏값 1,000원이 오르는 세상에 우리는 살고 있다. 그런 세상에서 저런 보석 같은 일을 본다는 것이 얼마나 희귀한 광경인가.

외눈박이들이 모여 사는 마을에 가면 두 눈 가진 사람이 비정상이라는 말이 있다. 광고는 비정상을 찾아 정상을 쏘아붙이는 일을 한다. 그런데, 어쩌다 솔직한 것이 비정상이 되어 정상을 비트는 것이 되었을까? 나는 그래서 솔직함이 더 '유니크'하다고 믿는다. MZ 세대, 아니 2000년 이후에 태어난 세대들은 처음부터 대형 미디어로 왜곡된 세계를 믿지 않았다. 기업은 이윤을 추구하는 집단이고, 모든 광고는 팔고자 하는 고

"알림, 돼지고깃값 인하로 아래와 같이 내려받습니다. 수육 종전 18,000원, 현재 15,000원. 맛있게 드시고 항상 건강하세요." 재료비를 내렸다고 가격을 낮춰 파는 음식점을 본 기억이 있던가? 나는 결코 이처럼 솔직한 식당을 본 적 없다.

유의 목적에 따를 뿐이라는 사실을 아주 잘 안다. 그들에게 진실을 과시하거나 과장하거나 속이려 해도, 곧 들통난다. 우리 회사에 매출은 필요 없고, 정의만이 의미 있다고 말한들 믿지 않는다. 그러니 정당한 이윤 추구의 범위 안에서 최대한 솔직해져야 한다. 잘하고 있는 것은 잘하는 대로, 부족한 모습은 부족한 대로 그대로 보여주면 된다.

솔직함이 일에 도움이 되는 경험은 생각 외로 참 많다. 광고회사 레오버넷 재직 시절, 배상면주가의 산사춘 광고를 진행했을 때의 일이다. 외국계 회사가, 그것도 가장 한국적이라는 전통주 광고를 경쟁 프레젠테이션으로 가져왔다는 사실 자체가 뉴스가 되던 시절이다. 막상 경쟁 프레젠테이션은 이겼지만, 참신한 안으로 광고를 준비해야 했다. 광고안을 다시 제시했을 때, 배상면주가의 사장님은 광고안에 대해 확신하지 못하셨다. AE였던 내게 이렇게 물었다. "신 차장, 나는 이 광고가 자신이 없는데, 신 차장 당신 생각은 어때?" 잠시 망설이다 이렇게 말씀드렸다. "사장님, 솔직히 저는 술을 잘 못 마십니다. 그래서 술맛을 잘 모릅니다. 그런데, 술을 잘 못 마시는 저도 이 광고를 봤을 때 술이 좀 땡겼습니다." 이렇게 말씀드리니, 배석한 우리 회사 중역들과 광고주 임원들 표정이 일순간 어두워졌다. 직감만으로도, 왜 술도 못 마시는 사람을 자신들의 담당자로 붙였으며, 어떻게 주류회사 광고주에게 술을 못 마신다는 말을 대놓고 하는지,

> "사장님. 솔직히 저는 술을 잘 못 마십니다. 그래서 술맛을 잘 모릅니다. 그런데, 술은 잘 못 마시는 저도 이 광고를 봤을 때 술이 좀 땡겼습니다."

눈으로 욕하는 게 보였다. 하지만 배상면주가 사장님은 크게 웃으시며, "신 차장도 알코올 분해효소가 없나 보고만. 우리나라 사람 중 백명 중 스무 명쯤은 술을 마시면 안 돼. 술 분해효소가 없거든. 술을 파는 나도 그중 하나야." 본의 아니게 사장님까지 커밍아웃한 것이었다. 다행히 광고안도 원안대로 결정되어 무사히 촬영을 마쳤고, 결과도 좋았다. 내가 술을 못한다는 말씀을 드리지 않았더라도, 다른 이유와 설득으로도 광고안은 결정될 수 있었을 것이다. 다만, 내 솔직함이 사장님 개인에게는 좋은 인상을 심어주었다고 생각한다.

그 뒤로도 나는 다른 회사로 옮기며, 카스맥주, 임페리얼, 골든블루 등 맥주, 양주 할 것 없이 주류 광고를 담당했으니 주류 업계와 묘한 인연이 이어졌다. 그럴 때마다 광고주와의 첫 만남에서 나는 당당히 말씀드렸다. "저는 술을 잘 못합니다. 하지만 술을 잘 못 마시는 저 같은 사람도 술 생각이 나도록 열심히 해보겠습니다." 언제나 반응은 같았다. 처음에 좀 당황했지만, 곧 웃으시며 "그래요, 술을 잘 못 마시는 사람도 우리 술 생각나게 아주 잘 부탁드립니다."

곤란한 일에 처했을 때, 사실과 다른 거짓으로 그 순간을 모면하려는 행동은 훗날 더 큰 문제를 일으킬 수 있다.

곤란한 문제에 닥쳤을 때, 많은 이들이 사실과 다르거나 자신 없는 진실을 가지고 문제를 해결하는 것을 본다. 그러고는 더 많은 문제에 빠지는 것을 목격한다. 하지만 그럴 때, 솔직함의 힘을 믿고 돌파하는 것이 더 큰 효과를 가져올 수 있다. 약점을 거꾸로 놓고 분석해 솔직함으로 돌파하는 것이다. 모든 솔직함이 성공의 지름길은 아니지만, 솔직해지면 생각보다 효과가 덜할지라도, 최소한 상황을 나쁘게 만들지는 않는다. 대상을 정말 받고 싶었던 이경규 씨의 수상 소감처럼.

2nd Sense

쉬는 것도
나에게는 목표다

———

우리는 항상 목표를 정하고, 그 목표에 걸맞은 성과를 내려고 아등 바등 노력한다. 그 목표를 달성했을 때는 뜨거운 성취감을, 실패했을 때는 차가운 열패감을 맛보곤 한다. 나 또한 광고 마케팅 일을 하면서 참으로 많은 목표를 세웠고, 성공과 실패를 경험해야 했다. 일반 회사에서 목표는 대체로 간단하다. 한 해 매출액, 분기별 월별 영업 목표처럼 수치가 있고 그 수치를 달성했는지가 평가 기준이 된다.

그런데 광고의 목표는 조금 다르다. 광고대행사의 목표는 당연히 전체 매출액일 수밖에 없지만, 광고의 목표는 그때그때 다르다. 매번

그 목표를 달성했을 때는 뜨거운 성취감을, 실패했을 때는 차가운 열패감을 맛보곤 한다. 나 또한 광고 마케팅 일을 하면서 참으로 많은 목표를 세웠고, 성공과 실패를 경험해야 했다.

광고를 준비할 때마다 광고의 목표가 무엇인지를 고민해야 하고 또 논의하고 토론하게 된다. 프로모션을 공지하는 광고는 그나마 좀 쉽다. 프로모션 내용을 잘 정리해 전달함으로써 온오프라인 접점에서 사람들이 참여하고 싶은 마음이 들도록 만들면 되기 때문이다. 하지만 흔히 기업 PR로 불리는 브랜드 광고는 좀 다르다. 중장기적 관점에서 브랜드에 대한 호의적인 정서를 이끌어내야 한다. 바로 이 지점에서 어려운 일들이 생겨난다. 광고 마케팅은 모든 참여자가 '잘되고자 하는' 같은 목표를 가지지만, 그 목표가 서로 같은 총의를 이루지 못하면 정말 재앙 같은 일이 벌어진다. 열심히 기획하고 거기에 맞춘 제작물을 가지고 미팅했는데, "어, 저희는 이거 말고 다른 걸 기대했는데요?" 이러는 일이 비일비재하다. 그렇게 되면 최소 2주에서, 많게는 3주의 시간이 그냥 쓰레기통에 처박히게 된다. 예를 들어, 신차 광고에서 '타보고 싶게 만드는 것'이 광고 목표라고 생각했다고 하자. 그런데 광고대행사는 단지 멋지게 차를 보여주는 광고를 준비했다면, '이렇게 멋진 차를 남들보다 한발 먼저 타볼 기회'와 같은 프로모션 광고를 기대한 광고주와 충돌이 생길 수밖에 없다. 따

라서 좋은 목표는 잘 공유된 목표
라고 해야 옳다.

"어, 저희는 이거 말고 다른 걸 기대했는데
요?" 이러는 일이 비일비재하다. 그렇게 되
면 최소 2주에서, 많게는 3주의 시간이 그냥
쓰레기통에 처박히게 된다.

    나는 목표에 민감하다. 잘 정리
되고 잘 공유된 목표는 많은 시간을 줄여주고, 성공적인 결과를 가
져다줄 확률을 높여주기 때문이다. 그런 생각을 가지고 있다 보니,
항상 일과 생활 등 많은 영역에서 목표를 염두에 둔다. 예를 들어, 미
팅 들어갈 때마다 '이 미팅의 목표는 무엇이다'를 설정하고 들어간
다. 광고 전략회의를 들어간다면, 적어도 오늘 미팅에서 '콘셉트 하
나는 건지겠다'는 각오를 새긴다. 광고주에게 광고안을 팔러 들어간
다면, 오늘 반드시 안을 결정하고 나오겠다는 결연한 마음으로 들어
간다. 설령 결정이 안 될 수도 있다. 하지만 그 확률은 그냥 들어가는
것보다 훨씬 더 높아진다. 인생을 너무 복잡하게 여긴다고 생각할
수 있지만, 이게 오히려 일하는 방식을 간단하게 한다. 다른 생각으
로 머릿속을 복잡하게 두는 것보다 사소한 작은 목표라도 성취의 의
미를 만들어주는 것이다. 이는 쉴 때도 마찬가지다. 휴가를 쉬는 데
그 목표로 두었다면, 아예 일 생각을 버릴 계획도 필요하다.

    어쨌거나 목표를 설정한 미팅은, 그 결과를 만들기 위해 노력한
다. 광고안을 못 팔더라도 광고주의 의중을 알아야겠다는 목표가 있

나는 목표에 민감하다. 잘 정리되고 잘 공유된 목표는 많은 시간을 줄여주고, 성공적인 결과를 가져다줄 확률을 높여주기 때문이다. 으면, 광고주가 싫다는 안을 팔겠다고 무작정 들이밀지 않는다. 왜 싫은지, 어떤 점이 다음에 보완되면 좋아질 것인지 파악하는 것에 남은 노력을 기울인다. 그러면 적어도, 다음 미팅만큼은 잘 끝날 확률이 높아지게 되기 때문이다.

목표는 내 소중한 시간을 아껴준다. 그리고 효율을 떨어뜨리는 딴생각을 차단해준다. 하루를 시작하면서 '이것만큼은 해내겠다'는 오늘의 목표를 세워도 좋다. 무언가 일을 시작할 때 꼭 목표를 떠올리고, 그것에 집중하는 것이다. 하물며 '오늘은 그 일만큼은 하지 않겠다'는 것도 나쁘지 않다. 아주 친밀한 사적인 인간관계의 영역에서도 목표가 필요하다. '아무개와 더 친밀해지겠다'거나 '아무개에게 상처를 주지 않겠다'는 다짐도 좋다. 아니라면, '오늘만큼은 확실히 떠들고 가겠다'도 목표가 될 수 있다. 적어도 9시에서 6시까지의 일정과 행동에 목표를 설정하는 버릇은 내가 나아지는 데 큰 힘이 된다.

지금 이 글을 쓰는 이 순간에도 나는 목표를 세우고 그것을 지키려고 노력한다. 오늘 아침, 나는 회사에서 COO인 이사와 미팅을 했다. 그리고 한동안 연락하지 못했던 지인과 점심을 했고, 이후 오후 내내 언론진흥재단에서 의뢰한 국내 공기업의 광고대행사를 선정하는 경쟁 프레젠테이션 심사위원으로 심사를 했으며, 귀가해 이 원고를 쓰고 있다. 아침에 이사와의 미팅은, 회사 자금이 잠시 막

목표는 내 소중한 시간을 아껴준다. 그리고 효율을 떨어뜨리는 딴생각을 차단해준다. 하루를 시작하면서 '이것만큼은 해내겠다'는 오늘의 목표를 세워도 좋다.

혀 고생인 이사를 달래주고 대안을 함께 모색해 걱정을 없애주는 것이 목표였다. 지인과의 점심은, 전에 같이 일했던 시절을 나누며 좋은 기억에 물을 주고 싶었다. 경쟁 프레젠테이션 심사에서의 내 목표는 다른 경쟁 프레젠테이션의 심사위원으로 위촉받을 수 있도록 질문 과정과 채점에서 전문가로서의 식견을 피력하려 애썼다. 끝으로 원고를 쓸 때는 반드시 세 시간은 쓰겠다는 목표를 두었다. 이처럼 내 삶에서의 목표는 대부분 거창하지 않다. 다만 이렇게 목표를 설정하는 버릇이 적어도 쓸데없이 버리는 시간을 아껴주고, 의미 없이 넘어가는 일들을 줄여줄 것이라 믿는다. 그렇게 회사 생활을 했고, 지금도 그렇게 비즈니스 현장을 누빈다.

'조금 더'가
만들어내는
미친 마법

과거 르노삼성자동차 SM5 광고를 준비할 때의 일이다. 새로이 부분 변경 모델face lift이 나오면서 광고 준비에 나섰는데, 생각했던 것만큼 쉽지 않았다. 보통 신모델이 나오거나 부분 변경 모델이 나오면 특정할 수 있는 커다란 변화가 한두 개쯤은 있다. 보통은 그걸 광고 소재로 삼는 경우가 많은데, 이 모델은 전체적으로 다양하게 개선되어 바뀌긴 했지만, 그 개선된 내용이 이전 모델 대비 그리 크지 않았던 것이 문제였다. 오히려 생산 부문 담당자들은 이렇게 조금씩 개선하는 게 쉽지 않았는데, 그 어려운 일을 해냈다는 세상 뿌듯한 표정을 지었지만, 마케팅팀과 광고대행사는 무엇 하나 뾰족한 게 없어서 어두운 표정으로 제품 사전 설명을 들어야만 했다.

출력, 연비, 차의 길이 등등 미세하게 좋아진 이 차를 어떻게 광고할 것인지에 대해 깊은 고민이 이어졌다. 많은 회의 끝에 한 가지 아이디어가 나왔다. "SM5는 좋은 차야. 이미 좋은 차야. 그저 그런 차가 좋아지기는 쉽지만, 이미 좋은 차가 더 좋아지기는 힘들지. 그래서 이 차는 대단한 거야. 이미 충분히 좋은 차가, 모든 면에서 더 좋아졌잖아?" 그랬다. 뭐하나 특출나게 좋은 점이 없어서 고민하던 차에 좋은 개념이 탄생했다. 그렇게 나온 카피가 "조금 더의 차이가 큰 차이다"였다.

우리는 과거 빅 모델을 선호하지 않았던 방식을 깨고, 디테일을 강조하기 위해 '봉테일'로 널리 알려져 있던 봉준호 감독과 감독 '오케이' 사인에도 한 번 더 해보겠다고 연기 욕심을 낸다는 고현정 씨 두 사람을 모델로 섭외했고, 결과도 우리가 기대한 것 이상으로 훌륭했다. 마침 촬영 중간 쉬는 시간, '디테일'에 관한 몇 가지 질문에 봉준호 감독은 인상적인 답변을 해주었다. 그는 대중들이 지어

"SM5는 좋은 차야. 이미 좋은 차야. 그저 그런 차가 좋아지기는 쉽지만, 이미 좋은 차가 더 좋아지기는 힘들지. 그래서 이 차는 대단한 거야. 이미 충분히 좋은 차가, 모든 면에서 더 좋아졌잖아?"

준 '봉테일'이라는 별명이 부담스럽다면서, 감독이 모든 것에 처음부터 모든 것에 의미를 둘 수는 없다고 말했다. 그러면서 화제가 되었던 영화 〈마더〉와 관련한 뒷이야기를 들려주었다. 영화 〈마더〉 후반부쯤 되면, 불타는 고물상 장면과 함께 벽에 걸린 일일 달력이 등장한다. 그런데 당시 영화를 본 관객 사이에서는 달력에 등장하는 날짜에 어떤 의미가 있는지, 또 어떤 감춰진 상징이 있는지 해석이 분분했다. 봉준호 감독은 이에 관해, "아무런 의미가 없다"고 했다. 화면에 보였던 달력은 단지 미술팀이 가져다 놓은 소품에 불과하고, 날짜도 그저 우연일 뿐이며, "어떻게 처음부터 그런 것까지 의미를 부여했겠냐"며 반문했다. 연출자인 그가 그렇게 말했으므로 사실일 것이다. 다만 나는, 감독이 처음부터 달력에 특정한 의미를 부여한 것이 아니더라도, 흩어진 우연들을 그냥 지나치지 않고 무언가 의미를 더 담아내고자 하는 봉준호 감독 특유의 캐릭터가 있기에 대중이 다채롭게 반응했을 것이라고 생각했다. 현장에서 만난 그는 그렇게 '조금 더'의 의미를 일깨워주는 사람이었다.

우리는 누구나 두드러지고 싶어 한다. 사람들과 두루 잘 지내고, 회사에서 주목받으며, 좋은 평가를 받고, 사업에서 눈에 띄는 성과를 내고 싶어 한다. 그런데 사실, 남들보다 더 좋게 기억되고, 더 좋은 기회를 얻으며, 더 큰 성취를 얻는 방법에 특별한 능력이 필요한 것은 아니다. 단지 지금의 가진 역량보다 내일 조금 더 나아질 수 있음을 태도로 보여주면 된다. 가진 실력을 통해 단숨에 경쟁자들을 이겨내고, 화려한 성과로 내 존재를 증명한다면 더할 나위 없이 좋겠지만, 현실에서는 꿈같은 이야기에 가깝다. 동료, 선배, 상사의 머릿속에 노력하는 모습을 새기며, 부족한 역량을 채우고자 노력하다 보면 기회를 얻고, 자연스럽게 할 수 있는 범위와 역량이 커진다. 그때그때 내 할 일을 이해하고, 묵묵히 해내는 것에 초점을 맞추면, 구체적인 성과도 따르게 된다. 그 누구보다 내가 그렇게 성장했고, 남들이 부러워하는 자리에까지 올랐다. 그런 탓인지 모르겠지만, 지금도 직원을 평가할 때 현재 가진 역량보다 '조금 더' 채우고자 하는 태도를 중요하게 여긴다.

> 지금껏 나는 남들보다 더 기억되고, 더 좋은 평을 받고, 성공하는 방법에 별 것 없다고 여겨왔다. 조금 더 채우면 된다고 생각해왔다.

익숙한 회의실의 풍경을 보자. 회의는 결과가 아닌 과정으로도 우리 자신을 좋게 기억시킬 소중한 기회다. 회의가 많을 때면 하루에 열 번도 족히 한다. 길게는 한 시간, 보통 30분 단위로, 작게는 15분 단위로 회의를 하기도 한다. 그렇다 보니 자연스럽게 회의실에서 '보이는' 모습과 태도, 행동으로 직원들을 평가하게 마련이다. 습관적으

내 아이디어가 채택되지 않을지도 모른다는 불안, 분위기를 헤칠 수도 있을 거라는 불안이 있을 수 있지만, 그것 자체만으로도 우리는 자신을 더 소극적으로 가둔다.

로 회의에 늦는 직원들이 있다. 진행하던 업무 때문일 것이며, 갑작스러운 거래처와의 통화가 길어졌기 때문일 것이다. 그러나 그런 특별한 일이 빈번하게 일어난다면, 그것도 한 사람에게만 반복된다면 그건 태도의 문제가 된다. 반대로, 매번 약속된 회의 시간보다 5분 앞서 자리를 지키는 사람이 있다면, 동료들이 보기에 그저 한가한 사람쯤으로 여겨질까? 나는 그렇지 않을 거라고 믿는다. 당연히 이런 사소한 태도만으로 한 사람의 모든 것을 평가할 수 없고 그래서도 안 된다. 다만 이러한 사소한 행동 하나가 그 사람의 마음가짐을 어느 정도 짐작할 수 있게는 한다.

여기에 자신만의 주관을 가지는 것도 중요하다. 맞고 틀리고는 그 다음의 문제다. 최소한의 자기 생각을 가지는 것 자체가 의미 있다. 사람들은 남의 의견에 살을 붙이거나 토를 다는 데는 별 망설임이 없으면서도, 자신의 의견을 드러내 밝히는 것을 두려워한다. 내 의견이 채택되지 않을지 모른다는 불안, 분위기를 헤칠 수도 있을 거라는 불안 때문이다. 하지만 아무런 생각을 준비하지 않는 습관은 자기 자신을 더욱 소극적으로 가두게 된다. 물론, 후임의 생각을 깎아내리거나 본인 생각만을 고집하는 상사와 오래 일하다 보면 반쯤 체념하는 때도 있지만, 멀고 먼 자신의 인생을 위해 생각을 밖으로 드러낼 수 있어야 한다. 생각이 반영되는 게 중요한 것이 아니라, 자신의 생각을 낸다는 것 자체가 일을 대하는 태도를 드러내는 일이기 때문이다. 돌이켜보면, 현실의 회의에서 프로젝트에 필요한 아이디어는 대체로 회의 참여자의 경험 순으로 채택되곤 했다. 그 아이디어가 좋은 결과로 이어졌다는 말이 아니라, 아이디어가 무시된다고 해서 상처받을 필요가 없다는 말이다.

그러나 '적당히'는 '제대로'가 아니다. 형식적으로 일한다는 것은 스스로 더 나아질 여지를 차단한다. 내가 아는 한, 적당히 형식에 맞춰 일하는 사람들은 회사에서 조용히 사라져갔다.

언젠가 취업 포털에서 '퇴사시키고 싶은 직원'을 묻는 질문에 40퍼센트가 "시키는 일만 적당히 하는 직원"이라는 조사가 있었다. 시키는 일만 하면 적당히 해도 충분한 것 아니냐고 반문할 수 있다. 또 그렇게 일한다고 비난받을 일도 아니다. 그러나 '적당히'는 '제대로'가 아니다. 형식적으로 일한다는 것은 스스로 더 나아질 여지를 차단한다. 내가 아는 한, 적당히 형식에 맞춰 일하는 사람들은 회사에서 조용히 사라져갔다. 반면에 남보다 사소한 것에 신경 쓰고, 조금 더 배려하고, 조금 더 해보겠다는 마음을 보였던 사람들은 그때보다 더 나은 위치로 올라섰다. 그들이 끝까지 살아남았다. 실력이라는

내가 아는 성공한 사람들은 처음부터 실력이 좋았던 게 아니라, 태도를 통해 실력을 키웠다.

건, 사소해 보이는 일에 대해서조차 조금 더 능동적으로 바라보고 그것을 파고드는 태도에서 나온다. 시켜서 하는 사람과 찾아서 하는 사람의 역량에 큰 차이가 없을 수 있다. 하지만 능동적인 사람은 하고 싶은 일을 도전할 기회를 얻으며, 점차 차이를 만들어낸다. 그런 사람에 대해 회사는 더 많은 실패를 용인해주며, 개인은 그 실패들을 기회 삼아 역량을 키울 시간을 버는 것이다. 차이는 그렇게 만들어진다. 내가 아는 성공한 이들 대부분은 처음부터 실력이 좋았던 게 아니라, 조금 더 찾아서 하려는 태도를 통해 기회를 부여받았고, 그 과정에서 실력을 키웠다. 지금 당장 역량이 조금 부족하더라도 이러한 마음가짐을 가진 사람이라면, 회사는 활기를 불어넣는 사람, 동료를 도울 수 있는 사람, 오래도록 함께 일하고 싶은 사람으로 인식하고 지원해준다.

받은 만큼만 일하겠다는 생각이 많다. 하는 만큼 대접하지 않는 기업 풍토가 여전한 것도 사실이다. 열심히 하면 나만 바보가 되는 게 아닌가 생각도 든다. 그러니 조금만 더 해보라는 말이 공허한 외침으로 받아들여질 것도 각오한다. 그러나 나는 최소한, 조금 더 무언가를 했을 때 훨씬 더 큰 결실이 되어 돌아온다는 있는 '사실'을 전할 수밖에 없다. 내 경험이 그렇게 말해왔고, 앞으로도 그 세상의 법칙은 변하지 않을 것이다. 봉준호 감독이 우연한 '달력'을 적당히 지나치는 감독이었다면, 지금의 그가 될 수 있었을까? 무엇이든 눈 감고 딱 10퍼센트만 더 해보면, 아주 특별하고 놀라운 일이 생겨난다.

'엉덩이의 힘'은
세다

———————

느려도 황소걸음이라는 말이 있다. 밖에서 보면 더뎌 답답해 보이지만, 어느새 제 할 일을 다 해내는 황소의 미덕이 담겨 있다. 별주부전 설화나 끈끈함을 뜻하는 진득함이 느긋함과 참을성을 뜻하는 말로 쓰이는 걸 보더라도, '빨리빨리'가 꼭 우리의 진면모는 아닌 듯하다. 오늘 우리가 사는 세상은 참으로 빠르다. 물리적으로 똑같은 24시간, 365일이지만 체감하는 속도는 20년 전, 10년 전과 비교도 안될 정도로 빠르다. 모든 게 빨라진 세상에서, 또 빨라서 이처럼 먹고 살게 된 덕을 봤지만, 실은 빨라서 놓치고 아쉬운 것도 참 많다.

구인 구직 플랫폼 사람인에서 조사한 신입사원 평균 근속 기간이 채 3년이 되지 않는 2.8년으로 조사된 적이 있다. 같은 해 통계청에서 조사한 첫 직장 평균 근속 기간은 이보다 더 짧은 1년 6개월이었다. 이직의 첫째 사유는 연봉이었고, 두 번째가 업무 환경이었다. 세 번째에 가서야 본인이 생각한 업무와 실제 업무 사이의 괴리가 이직 사유였다.

연봉은 중요하다. 직장생활에서 연봉을 빼면 아무것도 없다. 하지만 내 경험에 비추어보면 연봉을 가장 높은 우선순위에 두는 것은 그리 바람직하지 않았다. 특히 일을 시작한 지 얼마 되지 않았을 때는 더욱 그랬다. 연봉이 크게 오르거나 차이가 벌어지는 일은 연차가 많아질수록 커진다. 대개 신입 연차에서 연봉 차이는 많아봐야 1,000만 원 이상 나지 않는 경우가 많다. 하지만 40대 정도에 들어서면 그 차이는 몇천만 원 이상 나기도 하고 그 뒤는 억대 차이가 생기는 일이 흔해진다. 쉽게 말하면, 직장생활 초기는 눈앞의 연봉보다 본인의 미래 가치를 만드는 것이고, 그 결실은 훗날 제대로 보상받을 수 있다.

골프에 스킨스 게임skins game이 라는 게 있다. 유명 프로 골퍼들이 참가해서 겨루는 이벤트 게임

연봉은 중요하다. 직장생활에서 연봉 빠지면 아무것도 없다. 하지만 내 경험에 비추어보면 연봉을 가장 높은 우선순위에 두는 것은 그리 바람직하지 않았다.

이다. 스킨스 게임은 홀마다 다른 상금이 있다. 그래서 그 홀의 승자가 되면 홀에 지정된 상금(스킨)을 모두 갖게 된다. 스킨스 게임의 특징은 앞 홀에서 상금이 적다는 점이다. 그렇지만 뒤로 갈수록 홀에 붙는 상금이 커지게 된다. 예를 들어, 마지막 홀 상금은 앞에 몇 개 홀의 상금을 합친 것보다 많다. 그래서 상금이 적은 앞 홀에서 몇 번 이기는 것보다 뒤에 이어질 홀에서 한 번 이기는 것이 같은 수의 홀을 이기더라도 훨씬 더 많은 상금을 갖게 되는 것이다. 연봉의 원리도 실은 이렇다. 처음에는 입사 동기나 비슷한 연차의 동료보다 조금이라도 덜 받는 게 엄청나게 커 보인다. 그 과정에 지나치게 불편 부당함을 느껴 주어진 일만 하거나 퇴사를 결심하기도 하는데, 명백한 자기 손해다.

한때 재미있게 읽었던 만화가 있다. 학창시절이 아닌 직장생활로 힘든 시절에 본 만화였다. 그 내용은 이렇다. 서울 변두리에 집 한 채를 겨우겨우 장만한 부부가 있다. 이 부부는 자산을 키우기 위해 메뚜기처럼 이사 다니며 산 가격보다 조금씩 더 받는 방법으로 오랜 세월을 보냈다. 그 사이에 집값은 오르고 내리기를 반복했고, 또 몇 번은 사들인 가격보다 싼 가격에 팔

마지막 홀 상금은 앞에 몇 개 홀의 상금을 합친 것보다 많다. 그래서 상금이 작은 앞 홀에서 몇 번 이기는 것보다 뒤에 이어질 홀에서 한 번 이기는 것이 같은 수의 홀을 이기더라도 훨씬 더 많은 상금을 갖게 되는 것이다. 연봉의 원리도 이렇다.

아야 하는 손해도 봤다. 시나브로 시간이 흘러, 노인이 된 부부가 집을 팔고 새로운 집을 사려고 여기저기 알아보다가 부동산에서 연락 받아 간 곳이 하필 처음 부부가 처음 장만했던 집이라는 얘기로 끝맺는 만화였다. 눈앞 계산과 이득을 위해 움직이는 것이 얼마나 부질없는 것인지, 이 만화는 지금도 내 기억 속에 선명하게 남아 있다.

진득함은 광고 영역에서도 논쟁거리다. 새로움을 추구한다는 것과 오래 구축되어 가치가 형성된 것을 지키는 것, 이 두 가지는 언제나 치열한 토론과 싸움의 주제였다. 1999년, 1년간 말보로 광고를 맡은 적이 있다. 말보로맨Marlboro man 캠페인은 1954년부터 1999년까지 무려 45년간 지속한 광고로, 말보로 브랜드를 미국 내 점유율 43퍼센트까지 끌어올린 필립모리스의 '효자' 캠페인이었다. 말과 카우보이 그리고 담배 이 세 가지만의 단순 조합과 '멋스러운 곳으로 오라Come to where the flavor is'라는 짧은 한 줄 카피로 일관되게 유지됐다. 처음 발탁한 모델을 14년이나 그대로 썼다. 똑같은 카피에 카우보이의 화보 같은 모습만 계속 반복되다 보니 겨우 1년 담당한 나도 질릴 판이었다. 그러니 45년이라는 시간이 얼마나 대단한가? 그것도 미국 국내법 개정으로 담배 광고

새로움을 추구한다는 것과 오래 구축되어 가치가 형성된 것을 지키는 것, 이 두 가지는 언제나 치열한 토론과 싸움의 주제였다.

에 사람과 동물이 동시에 나오면 안 된다는, 다분히 말보로맨 광고를 저격하는 법안이 나오고서야 멈췄다.

어느 날 필립모리스 회장이 광고대행사인 레오버넷을 찾았다. 거기서 말보로맨을 담당하는 부서는 50여 명이 넘는 사람들이 일하고 있었다. 필립모리스 회장은 오랜 파트너 광고인 레오버넷^{Leo Burnett}에게 "모델도 같고 비슷한 이미지만 가지고 만드는데 뭐 이리 많은 사람이 필요한가?"라고 물었다. 레오버넷은 "우리 회사에서 광고를 만드는 사람은 열 명이면 됩니다. 나머지 사람들은 회장님이 광고를 바꾸자고 하는 것을 막기 위해 존재합니다"라고 답했다. 말보로맨 캠페인은 과거 '여자가 피우는 담배'라는 이미지가 강했던 말보로를 일순간에 남자의 담배로 만든 성공한 캠페인이었다. 성공한 캠페인은 만들기가 무척 어렵다. 하지만 몇 배 더 힘든 것은 좋은 캠페인을 유지하는 것이다. 앞에서 말한 진득하게 기다린다는 것이 얼마나 어렵고, 때로는 가치 있는 일인지를 말보로맨 캠페인이 보여준다고 생각한다.

"우리 회사에서 광고를 만드는 사람은 열 명이면 됩니다. 나머지 사람들은 회장님이 광고를 바꾸자고 하는 것을 막기 위해 존재합니다"

몇 달 전에 어느 공사의 광고 자문회의에 참석한 적이 있다. 이 공기업은 3년 전 코로나가 한창

때 꽤 괜찮은 광고 캠페인을 만들어서 진행했었고, 나도 그 캠페인 이름을 기억하고 있었다. 그런데 광고회사에서 제시한 안은 기존의 캠페인 슬로건이 아닌 무슨 뜻인지도 알기 어려운 새 슬로건이 들어간 안이었다. 같은 대행사인데, 왜 슬로건이 바뀌었냐고 물으니 공사 내부에서 3년 했으니 이쯤 해서 바꾸자는 의견(아마도 임원진들의 의견이었을 것이다)이 있었다고 한다. 사실 놀랍지는 않았다. 내가 25년을 봐왔던 장면이니.

광고대행사는 영상광고를 만들면서 비슷한 영상을 대략 100번쯤 본다. 광고 편집실에서 보는 가편집, 녹음실에서 보는 버전, 광고주 실무자 시사, 임원 시사, 수정편집 시사 등이 있다. 광고주도 마찬가지다. 대행사만큼은 아니지만 그래도 수십 번은 본다. 막상 광고가 집행되기도 전에 질려버리는 것이다. 그런데 정작 소비자는 한 달에 몇 번 보기 어렵다. 두 달 광고를 집행한다면 많이 봐야 서너 번이다. 통상 광고를 집행하는 비용을 계산할 때, 도달률 65퍼센트(Reach 3+ 65%)면 괜찮은 수준으로 생각한다. 즉, 광고가 전달되었으면 하는 타깃(예를 들어, 30~50대 남자)의 65퍼센트가 한 달에 세 번 정도나 그 이상을 보는 수준이라면 괜찮은 편이다. 기억하지 못하거나 제대로 보지 못하는 걸 빼면 우리가 100번 본 광고를 소비자들은 두세 번 보는 셈이다. 광고주나 광고대행사는 질릴지 몰라도 소비자는 기억하지 못한다. 소비자는 보지도 못했고, 알지도 못하며, 더 보고 싶어 하는 광고임에도 정작 관계자 스스로는 이미 질려 있는 상태가 된다. '전문가의 덫'에 빠져 당장에 무언가를 해야 한다는 강박에 빠지는 것이다. 바꿔야 할 것은 일하는 방식과 생각이지 잘하고 있던 걸 바꾸는 일은 아니다. 연말이면 으레 보도블록을 교체하는 일처럼, 일하고 있다는 걸 보여주려는 '행위 예술'이지, 제대로 된 광고가 목적이 아니라고 느껴졌다. 나는 공사 자문위원으로서 최선을 다해 말렸다. 제발 바꾸지 말고 진득하게 유지해보시라고.

진득한 것만큼 강한 것은 없다. 자리를 지킨다는 것은 그 상황에 안주하는 게 아니라 기회를 포착하는 원동력이 된다. 프로 선수의 폼은 들쭉날쭉할 수 있지만, 1군에서 버텨내면 언젠가 타석이든 마운드 위에서든 기회가 찾아온다. 기회를 창출하는 것이 진득함이다. 나는 승진운이 좋았던 사람이다. 그렇지만 내 직장생활이 항상 순탄했던 것만은 아니었다. 오히려 그 반대에 가까웠다. 상사와의 문제로 국장 자리에서 잠시 내려온 적도 있었다. 자존심이 몹시 상하고, 이직을 생각하기도 했지만, 내가 있어야 할 자리를 최대한 지키려고 노력했다. 그러자 다시 국장으로, 부사장으로, 그렇게 대표가 되었다. 내가 대표 자리까지 갈 수 있었던 것은 내가 대표로서 나은 대안이 될 수 있도록 노력했기 때문이다. 국장에서 부사장이 되었을 때도, 부사장에서 대표가 될 때도, 나는 내 위의 누군가가 자의든 타의든 그만둘 때 그 사람들의 완벽한 대안이었다.

> 내가 대표 자리까지 갈 수 있었던 것은 내가 대표로서 나은 대안이 될 수 있도록 노력했기 때문이다. 국장에서 부사장이 되었을 때도, 부사장에서 대표가 될 때도, 나는 내 위의 누군가가 자의든 타의든 그만둘 때 그 사람들의 완벽한 대안이었다.

이것은 나뿐 아니라 모두에게 적용된다. 꼭 'No.1'이 되어야 하는 것도 아니고 모두가 그렇게 될 수도 없다. 원하는 자리에 내가 갈 수 없다는 사실에 낙담해 다른 대안으로 갈아타는 건 어리석은 판단이다. 변하지 않는 사실은, 당신 옆에서 꿈쩍 않는 그 누군가도 언제든 회사를 뜰 수 있는 사람이라는 점이다. 더 좋은 조건을 찾아서 언제든 회사를 떠날 가능성이 있다. 물론 그렇지 않더라도, 묵묵히 본인의 역할을 해내다 보면 그보다 훨씬 더 좋은 기회가 반드시 찾아온다. 즉, 마음에 여유를 갖고 최고의 인재가 사라졌을 때 완벽한 대안이 될 준비를 하면 그뿐이다. 당신이 다른 곳으로 옮긴다고 최고가 될 수 있다고 생각하는 건 망상에 가깝다. 진득하면 기회가 오고 기회가 많아지면, 더 잘해낼 수 있다. 내 두 번의 중요한 승진이 그랬다. 한 번은 내 상사가 불명예스럽게 회사를 그만두었고, 다른 한 번은 상사가 스스로 그만두었다. 나는 진득하게 있었고, 자연스럽게 대

당신이 다른 곳으로 옮긴다고 최고가 될 수 있다고 생각하는 건 망상이다. 진득하면 기회가 오고 기회가 빈번해지면, 더 잘해낼 수 있다.

안이 되었다. 미래의 선택에 정답은 없다. 따라서 내 말도 정답이라고 확신할 수는 없다. 하지만 작은 유혹에 현혹되지 않고 진득하게 기다리다 보면, 다른 사람보다 훨씬 더 나은 기회가 찾아온다.

제3의 감각

3rd Sense

태도가
경쟁력이
될 때

나만의 부가가치를 만드는 건, 생각하기에 따라서는 단순하고 쉽다. 사람들은 특별한 업무 능력을 떠올리지만, 부가가치는 일과 사람에 대한 진지한 태도다. 더욱 무서운 건 이렇게 만들어진 부가가치는 내가 한 것 이상으로 다시 돌아온다. 승진이나 연봉 인상은 단지 덤에 불과하다. 그보다 인생 전체를 크게 바꿀 중요한 기회가 되어 돌아온다.

한 개의 신발,
열다섯 개의 신발

얼마 전 아내가 신발장을 보며 신발 정리 좀 하라는, 안 신는 신발을 버리라는 잔소리를 쏟아댔다. 아무리 유심히 신발장을 살펴도, 버릴 만한 신발은 없어 보였다. 사실, 나는 신발을 선택하고 신는 데 좀 극단적인 편이긴 하다. 평상시 신는 신발이라고 하면 구두가 있고, 운동화와 스니커즈도 있다. 신발 가짓수가 조금은 되다 보니 번갈아 돌려 신게 된다. 거의 열다섯 켤레 정도 되는 신발을 돌려 신고, 그래서 신발이 잘 닳지 않는다. 자연스럽게 계속 신게 되므로 버릴 신발도 없다. 신발장에 있는 신발 중에는 10년도 넘은 신발들이 많고, 가 골프화가 눈에 띄게 닳았을 때 내 실력도 그만큼 늘어났다. 그러니까 다른 신발들과 달리, 골프화는 골프에 대한 내 진심이 담긴 셈이다.

장 오래된 건 얼추 20년 가까이 되는 신발도 있다. 그리 보면 아내의 잔소리가 터무니없는 잔소리는 아니다.

그런데 그런 내게 골프화는 특별하다. 골프화는 한 가지만을 끝까지 닳도록 신는다. 그래서 어림잡아 1년에 한두 켤레 정도는 신다가 닳고 헤지면 바로 버린다. 지금도 신발장에는 골프화가 단 한 켤레만 있다. 내가 골프화만큼은 한 켤레의 신발을 고집하는 이유는, 우선 경기에 집중할 수 있는 편안함과 익숙함을 얻을 수 있기 때문이다. 그리고 또 하나는 골프화가 닳는 만큼 골프 실력이 늘었다는 나만의 척도로 생각하기 때문이다. 그래서 가끔 함께하시는 분들이 항상 같은 골프화를 고집하는 이유를 묻곤 하는데, 이게 내 답이다. 골프화가 눈에 띄게 닳았을 때 내 실력도 그만큼 늘어났다. 그러니까 다른 신발들과 달리, 골프화는 골프에 대한 내 진심이 담긴 셈이다.

내가 골프화가 닳는 것에 즐거움을 느끼는 것처럼, 사람들은 자기 계발이 목적이든, 취미 생활이든 많은 것들을 배우려고 노력하고 실제로 많은 시간을 들인다. 지금도 누군가는 자기 자신을 더 경쟁력 있게 만들기 위해 금쪽같은 시간을 들여 노력하고 있을 것이다. 그런데 막상 시간을 써도 그만큼 실력이 늘지 않는 것에 답답함을 느끼는 일이 잦다. 간혹 어떤 분들은 연습하는 것에 비해 골프 실력이 늘지 않을 때, 내게 비슷한 답답함을 호소하기도 한다. 나는 그럴 때마다 "골프화 자주 바꾸지 마세요"라고 답해드리곤 하는데, 농담처럼 말하지만 사실 농담이 아니다. 비단 골프뿐 아니라, 무언가를 잘하고 싶은데 잘 안 되는 이유는 이것저것 두루두루 잘하려고 하기 때문이다. 열다섯 켤레 정도 되는 신발이 잘 닳지 않는 건 내가 그 신발들을 신고 다니지 않아서가 아니다. 돌려 신기 때문이다. 만약 무언가 잘하고 싶은데 실력이 늘지 않는다고 느긴다면, 어떻게 그 시간을 보내고 있는지 살펴야 한다.

흔한 내 또래들처럼 나 또한 대학 다닐 때 제법 당구를 잘 쳤다. 학력고사를 마치고 바로 당구 큐를 잡았던 나는 대학에 입학하고 나서 첫 한 달 동안 당구장에 살다시피 했다. 당구를 위해 그리 열심히 입시공부를 했던 것인지 무색할 정도로, 학교 수업은 뒷전이었고 당구장을 강의실 삼아 당구를 쳤다. 막상 수업에 들어가도 상상의 당구공들이 칠판에 굴러다녔다. 그렇게 한 달을 치니 바로 300점 정도가 되었다. 그 뒤로는 첫 한 달처럼 치진 않게 되었다. 그저 친구들과 수

뭐든 어느 정도의 수준까지 올려놓은 실력은 그리 쉽게 떨어지지 않는다. 그다음은 실력 발휘를 위한 '컨디션 조절'이면 충분하다.

업을 마치고 공강 시간을 활용해 남들이 치는 시간만큼만 쳤다. 아무리 못 쳐도 이른바 '물 300점'은 유지했고, 어딜 가도 당구로 눈치 보지 않을 정도는 유지했다. 함께 당구를 배운 어릴 적 친구들이나 같은 과 친구들은 대개 1년쯤 지나서 150~200점 정도를 쳤으니, 내 실력이 늘어난 속도가 차이가 꽤 났다. 친구들과 나는 무엇이 달랐을까? 내가 더 운동 신경이 좋아서였을까? 적게나마 도움이 된 것 같지만 전부는 아닌 것 같다. 지금에 와서 생각해보면, 그 차이는 당구를 배웠던 첫 한 달이었다. 나는 첫 한 달 동안 집중적으로 시간을 당구에 썼다. 아는 분들은 잘 알겠지만, 뭐든 어느 수준까지 올려놓은 실력은 그리 쉽게 떨어지지 않는다. 몸 상태에 따라 미세한 기복이 있을 수는 있어도 실력 자체는 크게 변하지 않는다.

다들 들어봤거나 알고 있는 '1만 시간의 법칙'이 있다. 어떤 분야의 전문가가 되기 위해서 최소 1만 시간이 필요하다는 이론이다. 1만 시간의 법칙을 다룬 책이 나왔을 때 정말 많은 곳에서 언급되었고, 실력이 잘 늘지 않거나 하면 '1만 시간에 부족해서 그렇다'는 말도 많이 듣곤 했다. 사실 '1만 시간'이 절대성을 띠는 법칙인지는 모르겠지만, 그만큼 집중과 몰입이 필요하다는 것에는 전적으로 동의한다. 어느 분야의 전문가가 되기 위해서는 절대적인 시간이 필요하기 때문이다. 다만, 나는 그 시간을 어떻게 배분하고 쓰느냐가 시간의 총량보다 훨씬 더 중요하다고 생각한다. 안데르스 에릭슨^{Anders Ericsson}도 그의 또 다른 저서 《1만 시간의 재발견》이라는 책에서 비슷하게 지적했다. 많은 사람이 1만 시간의 법칙을 오해하고 있으며 1만이라는 숫자에만 너무 집착하고 있다는 것. 실제로 중고등학교 시절을 생각해보면 책상에 오래 앉아 있는 친구가 전교 1등을 하진 않았고, 미국 역사상 최고의 지성인으로 꼽히는 벤저민 프랭클린^{Benjamin Franklin}도 평생 체스를 두었지만 일반인 수준이었다고 한다. 1만 시간이라는 숫자에 집착하다 보면 1만 시간을 보내는 방법과 질을 놓칠 수 있다. 기계적인(무의식적인) 노력이 아닌 의식적인 노력을 해야 최고 수준의 전문가로 올라갈 수 있다.

나뿐 아니라 우리는 모두 노력한다. 무엇인가를 배우고, 실력을 늘리기 위해, 값비싼 시간과 비용을 투자한다. 일했으면 성과를 내야 하고, 투자했으면 결과를 얻어야 한다. 이것저것 조금씩 해보면 시

> **1만 시간이라는 숫자에 집착하다 보면 1만 시간을 보내는 방법과 질을 놓칠 수 있다. 기계적인 노력이 아닌 의식적인 노력을 해야 전문가로 올라갈 수 있다.**

간도 잘 가고 무엇인가를 열심히 하고 있다는 마음으로 뿌듯해진다. 하지만 좀처럼 실력이 늘지는 않는다. 무엇인가를 새로 시작한다면, 미친 듯이 몰입하고 집중해야 한다. 그래야 빠르게 배우고, 빠르게 실력이 늘어난다. 습관처럼 헬스 회원권을 사고, 적당한 유산소 운동과 적당한 근력 운동으로 타협하곤 한다. 그나마 빼먹지 않는다면 다행이라면 다행이지만, 몇 년 동안 같은 중량과 자극으로 운동하면서 몸이 좋아지기를 기대하는 건 자기만족에 불과하다. 처음 시작할 때 진심을 다해 집중해보라. 남보다 시간은 덜 쓰고 더 잘 해낼 방법은 단 하나밖에 없다. 여러 켤레의 신발을 나눠 신는 것보다 단 하나의 골프화를 닳게 하는 것이다.

'눌변'이
매력이 될 때

나는 오롯이 나를 파는 것에 집중해야 하는 일을 한다. 그러기 위해서 무엇보다 중요하게 여기는 건 첫째도 두 번째도 말에 신경 쓰는 것이다. 항상 그렇지만, 말을 잘하는 건 어렵다. 논리적인 말하기는 자기주장이 강한 인상을 주는 때가 있고, 반대로 감성적인 말하기는 알맹이가 빠진 느낌을 상대에게 전하는 때가 있다. 그러니까, 말은 그때그때 상대의 기분과 처한 상황을 눈치로 읽고 분위기에 맞게

논리적인 말하기는 자기주장이 강한 인상을 주는 때가 있고, 반대로 감성적인 말하기는 알맹이가 빠진 느낌을 상대에게 전하는 때가 있다.

역설적이지만, 좋은 말하기는 좋은 듣기에서 비롯되는 것이며 이는 상대가 존중받고 있다는 마음을 느낄 수 있게 한다.

교감하는 것인데, 그렇게 하는 게 말처럼 쉽지 않으니 문제다.

특히 어려운 상대와 대화할 때 어색함을 감추려고 내뱉는 말들은 안 한 것만 못한 독이 되는 경우가 많다. 이럴 때 내가 쓰는 방법은 짧게나마 침묵을 선택하는 것이다. 잠시 말하기를 멈추고 상대가 말할 수 있는 분위기를 만들고, 상대의 말에 집중하곤 한다. 상대와 눈빛을 맞추고, 그의 말에 진심으로 호응하다 보면 놀랍게도 상대의 관심사와 내가 하고자 하는 말의 교집합이 만들어진다. 역설적이지만, 좋은 말하기는 좋은 듣기에서 비롯되는 것이며, 이는 상대가 존중받고 있다는 마음을 느낄 수 있게 한다. 그러니까, 말은 태도에서 비롯되는 것이다.

대개 말을 잘한다는 사람을 보면, 그들에게는 눈에 띄는 한 가지 공통점이 발견된다. 유머와 순발력을 갖춘 사람도 있지만, '좋은 말'을 쓴다. 이는 말을 잘하는 사람에 대한 세간의 인식과 조금 다른데, 현실에서는 재기 넘치는 달변가보다 사려 깊은 눌변가가 더 큰 성공을 거두는 경우가 많다. 내 경험을 비추어보면, 설득력 있게 말을 하는 사람은 자신의 말을 앞세우기보다 상대의 말을 먼저 경청하고 핵심을 메모해 기억하며, 그것들을 정리한 후 하려고 하는 말을 천천히 자신감 있게 내뱉는다. 그런 사람의 말에는 신기하게도 조리가 있고, 기운이 실려 있다. 여기서 가장 중요한 것은 '좋은 말'을 유머와 순발력을 갖춘 사람도 있지만, '좋은 말'을 쓴다. 재기 넘치는 달변가보다 사려 깊은 눌변가가 더 큰 성공을 거두는 경우가 많다.

쓰려고 노력해야 한다는 점이다. 사람의 격과 품위는 사용하는 말에서 나올 수밖에 없다. 고운 말은 상대방을 존중하는 마음이 전해진다. 간혹 농담 섞인 비속어가 분위기를 풀어주는 효과도 있긴 하지만 이는 예외적이다. 비즈니스 현장에서 우연한 기회에 같은 대학 출신의 후배를 만났다고 해도 마찬가지다. 기본은 존중과 존대. 상대가 편하게 말해달라고 부탁하기 전에는 절대로 하대하면 안 된다. "내가 선배니 말 편히 할게." 최악 중 최악의 태도다. 친한 후배를 만나서 회포 푸는 자리가 아니지 않은가. 비즈니스 자리에서 말을 편히 한다는 것만큼 그 자리를 엉망으로 만드는 기술은 없다.

나는 직업상 지금도 많은 사람을 만나고 대화해야 한다. 점심과 저녁 자리도 대부분 짧게는 한 주일 전, 길게는 한 달 전에 약속을 잡아 만난다. 그중 절반은 나보다 연배가 높은 분들이거나 내가 아쉬워서 뵙자고 하는 분들이고, 절반은 나보다 상대적으로 어리거나 내 도움이 필요해서 만나게 되는 분들이다. 한두 번 만난 분도 있지

내게는 부담스러울 정도로 존대하지만, 종업원에게는 하대하거나 존대하지 않는 사람이라면, 그 관계를 지속하고 싶은 마음이 싹 사라진다.

만 처음 만나는 분도 적지 않은데, 내가 그분들의 품성을 단번에 알 수 있게 하는 것이 언어 습관이다. 내게는 부담스러울 정도로 존대하지만, 종업원에게는 하대하거나 존대하지 않는 사람이라면, 그 관계를 지속하고 싶은 마음이 싹 사라진다.

말하기와 관련해 얘기하다 보면, 사람들은 종종 아부에 관한 내 생각을 묻곤 한다. 솔직함과 현실 사이의 애환 같은 게 담겨 있는 질문인데, 아부의 경계가 어느 선인지에 따라 다르지만, 나는 어렵지만 해야 하는 것이라고 힘주어 말한다. 진심이 담겨 있는 때라면, 좋은 말이 나쁜 말보다 항상 옳다. 아우디 코리아 재직 시절 나를 좋게 봐주시던 다른 브랜드 사장님이 르노삼성자동차의 부사장님으로 오셨고, 이후 사장님이 되셨다. 때마침 내가 르노삼성자동차 담당자였는데 자연스럽게 업무 미팅을 마치고 사장님 방에 인사를 드리러 갔다. 사장님께 뭔가 좋은 말로 축하를 드리고 싶긴 했지만 뻔한 표현이 싫었다. 차를 마시다 고개를 들어 주변을 둘러보며 이렇게 '아부' 했다. "그러고 보니 제가 지금 국내 5대 완성차 중 하나인 르노삼성자동차 사장실에서 사장님과 독대하며 차를 마시고 있네요. 제가 정말 잘되고 잘살아온 것 같습니다. 이런 영광을 누릴 수 있는 사람이 대한민국에 몇이나 있을까요." 이 말을 할 때 나는 진심이었다. 사장님께서도 듣기 좋았겠지만, 내 아부는 만들어낸 말이 아닌 진심이었다. 이 말을 들은 사장님도 좋아하셨고, 다른 일로 미팅 갈 때도 항상 본인의 방에 들렀다 가기를 권했다. 내 말은 아부였을까, 아니었을까? 나는 아부라고 생각하지만, 그에 대한 평가는 독자의 몫으로 남겨둬야 할 것 같다. 다만 뻔하지 않게 아부를 하려면, 상대방이 들었을 때 울림이 있도록 해야 한다. 그렇게 나는 내 진심을 담아 지금도 아부한다.

말은 내용 못지않게 어조도 중요하다. 나는 누군가와 인사를 나눌 때면 항상 어조를 높여서 인사를 한다. 반갑게 웃으면서 목소리를 한껏 높여 인사한다. 상대의 예상보다 밝은 어조의 인사는 상대에게 정말로 반가워한다는 인상을 주는 것은 물론, 나 자신에게 에너지를 불어넣는다. 밝은 어조의 인사를 마치고 이야기를 할 때는 반대로 신뢰감 있는 차분한 어조가 좋다. 내 경우에는 평소 발성하는 어조가 좀 낮은 편이고 성량 자체가 그리 크지 않은 편이다. 아침 인사처럼 짧은 말은 가능한 한 크게 하고, 회의와 같은 공식적인 업무에서

호감이 가는 목소리는 들떠 있고 불안정해 보이는 높은 어조보다 신뢰감을 줄 수 있는 안정적이고 낮은 어조가 상대적으로 더 좋게 들린다.

말할 때는 조용하되 또박또박 끊어서 듣는 상대가 지치지 않게 표현하려고 노력한다. 이런 노력이 효과가 있었는지, 내가 아는 어떤 아나운서는 나의 말하기 습관에 대해 "성량 자체가 크지 않고 어조도 낮으나 상대방이 더 집중하게 만드는 효과를 낸다"며, 기분 좋은 덕담을 해주기도 했다.

사람마다 타고난 어조와 억양이 달라서 낮은 어조가 무조건 좋다라고는 말할 수 없다. 다만, 호감이 가는 목소리는 들떠 있고 불안정해 보이는 높은 어조보다 신뢰감을 줄 수 있는 안정적이고 낮은 어조가 상대적으로 더 좋게 들린다. 아나운서를 비롯한 스피치 강사들이 흔히 '솔' 음을 강조하는 걸 보게 되는데, 나는 이게 꼭 맞는 말인지 모르겠다. 짧은 시간 안에 무언가를 팔아야 하고, 남들보다 주목받아야 할 때라면 평상시 말보다 어조를 높이는 것이 좋을 수 있지만, 일상 비즈니스 현장에서는 그리 큰 도움이 되는 방법은 아니다.

밝고 좋은 인상을 주는 데는 말투도 중요하다. 우리는 대부분 짧고 간결한 명령어 투에 익숙해져 있다. 하지만 효율적일 수 있어도 호감을 얻거나 좋은 인상을 주는 데는 도움이 되지 않는다. '싫다', '없다'처럼 부정적인 화법과 함께 피해야 하는 것이 이 명령형 말투다. "회의실 좀 예약해", "보고서 출력해줘"와 같이 우리가 흔히 쓰는 말은 대부분 명령형이거나 청유형과 명령형의 모호한 경계에 있는 말들이다. 명령형 대신에 청

우리는 대부분 짧고 간결한 명령어 투에 익숙해져 있다. 효율적일 수 있어도 호감을 얻거나 좋은 인상을 주는 데는 도움이 되지 않는다. '싫다', '없다'처럼 부정적인 화법과 함께 피해야 하는 것이 이 명령형 말투다.

유형 표현 습관을 일상화하는 것이 좋다. 이게 어렵다면 마침표로 끝나는 말을 물음표로 바꿔보려는 노력을 해보는 것도 좋은 방법이다. "회의실 좀 예약해줄래요?" "김 대리, 미안한데 보고서 출력 좀 부탁해도 될까요?"와 같은 청유형 표현이 듣는 사람 관점에서 훨씬 더 존중받는다는 생각을 들게 한다.

우리는 항상 남들보다 무언가 잘하려고 늘 노력한다. 자기계발에 진심인 사람들도 정말 많다. 외국어를 공부하는 사람들, 코딩을 공부하기도 하고, 최근에는 챗GPT에 열심인 사람들도 많다. 하지만 정작 내 인생의 대부분을 차지하는 말의 쓰임에 대해 이상하리만큼 관심이 없다. 사실 경쟁력이라는 게 멀리 있는 게 아니다. 말만 잘해도 충분하다.

'요구' 말고
'욕구'를 보라

광고회사에 다니며 AE로서 특히 잘했던 일이 있다. 이상하게 들리지만, 나는 돈을 아주 잘 받아오는 직원이었다. 신입으로 현대자동차 전담팀에 있을 때 팀은 차종별로 세 개의 부문으로 구성돼 있었다. 월말이 되면, 각 부문의 담당 광고주 팀에 들어가 매달 제작한 광고의 제작비를 정산했는데 우리 부문은 유독 제작비를 온전히 받아냈다. 쉽게 말해서 덜 깎였다. 시간이 지나고는 결국 세 부문의 모든 제작비 정산을 혼자 도맡아서 하게 되었다.

나는 광고비 정산에 특별한 재능이 있었다. 그 이유는 기억력을 최대한 이용해 밉지 않은 투정을 잘 섞어서였다. 먼저 제작비 정산에 필요한 자료를 최대한 수집했다. 그리고 그 항목이 최대한 크

나는 광고비 정산에 특별한 재능이 있었다. 그 이유는 기억력을 최대한 이용해 밉지 않은 투정을 잘 섞어서였다. 먼저 제작비 정산에 필요한 자료를 최대한 수집했다.

게 보일 수 있도록 노력했다. 옆 팀에서는 보기 좋게, A4 한 장에 섬네일thumbnail 식으로 정리해서 보기 편하게 가져갔다. 하지만 나는 실제 프로젝트에 사용되지 않았던 광고안까지 모두 실제 크기로 뽑아 커다란 가방에 넣어서 가져갔다. 그러고는 그 광고안들을 전부 회의실 책상에 깔았다. 물론, 그 광고안들은 제작비에 포함되지 않는 경우가 많았지만, 나는 결과물을 위해 허비된 시간과 노력까지도 엄청나게 컸음을 보여주려고 노력했다.

채택된 안의 수정 사항도 각 수정된 부분만 표시하지 않고, 수정된 광고안을 각각 다 뽑았다. 그러고는 매직으로 커다랗게 수정된 곳을 표시했다. 왜 수정했는지 일일이 다 열거했다. "과장님께서 윗분들이 원하는 부분이라고 요청하셨던 그때 시안입니다. 부사장님의 반대로 추가 수정된 시안이 이거였습니다. 보통 이렇게 수정하는 데 드는 시간이 적지 않습니다." 남들보다 조금 좋았던 기억력과 메모를 아낌없이 활용해 누가 어떻게 코멘트했는지, 어떻게 수정했는지 기록과 함

남들보다 조금 좋았던 기억력과 메모를 아낌없이 활용해 누가 어떻게 코멘트했는지, 어떻게 수정했는지 다 기록과 함께 설명했다. 께 설명했다. 얼마나 안 해도 될 노력과 시간이 들어갔는지까지, 그게 누구 때문이었는지 밉지 않

게 설명했다. 제작비가 깎일 때 깎이더라도 깎는 사람이 최소한 미안한 마음은 갖게 하고 싶었다. 앞으로 일을 계속 진행하는 데 필요하다고 생각했기 때문이다. 그래서인지 나는 대개 제시한 견적에서 크게 깎이지 않았고, 예산상의 이유로 깎였을 때도 광고팀이 다음번에 깎을 수 없도록 약속을 받아두었다.

사실, 제작비 정산은 AE에게 정말 중요한 일이다. 그래서 자주 상대 마케팅팀이나 구매팀과 협상을 해야만 한다. 그들의 처지에서는 견적가가 나오면 깎아야 하고, 나는 깎이지 않아야 한다. 그렇게 하다 보면 자연스럽게, 협상의 기술이 생긴다. 신입 때는 제작비 정산으로 시작했지만 위로 승진할수록 협상해야 할 숫자와 범위가 커졌고 넓어졌다. 그때 정리하고 경험했던 협상에 관한 경험들은 메모로 기록해 지금도 일을 하는 데 유용하게 활용하고 있다. 그중 몇 가지 유의사항을 소개해보면, 다음과 같다.

우선, 협상에 앞서 확실히 해두어야 할 것은 내가 무엇을 얻어야 하는지에 관한 목표 설정이다. 실전보다 더 중요한 일이다. 조금 더

자세히 설명하면, 여기서의 목표
는 '얻어야 할 것'만 해당하는 것
이 아니다. 반드시 '피해야 할 것'
도 포함해야 한다. 즉, 현실적인 기대치와 최소한의 마지노선, 지키
지 못하면 협상을 접어야 하는 포인트를 정확히 정하는 것이다. 이
를 안에서 협상이 되도록 노력해야 하고, 그렇게 되면 소기의 목적
을 거두는 셈이 된다. 예를 들어, 10퍼센트 인상이라는 이상적인 목
표가 있다. 상대측의 상황을 봤을 때 7퍼센트 정도가 현실적인 기대
치고, 4퍼센트가 마지노선이라는 기준을 잡는다. 이때 4퍼센트 미
만으로는 협상할 이유가 없다. 그럴 때 나는 10퍼센트를 목표로 하
지만 적어도 4~7퍼센트 사이에서 협상이 될 수 있는 자료를 준비한
후 협상에 임한다.

협상에 들어갔을 때, 먼저 유의해야 할 점은 '요구'와 '욕구'를 분
명히 구분해야 한다는 점이다. 협상 당사자가 되어 협상하면 보통
조건을 제시받게 된다. 특히, 서
로 같은 위치가 아닌 '을'의 입장
이라면 요구를 받기 마련이다. 그
런데 이 '요구'에 집중하고 패를

> **협상에서의 목표는 '얻어야 할 것'만 포함해
> 야 하는 것은 아니다. 반드시 '피해야 할 것'
> 도 포함해야 한다.**

> **'요구'와 '욕구'를 분명히 구분해야 한다. 협
> 상 당사자가 되어 협상하면 보통 조건을 제
> 시받게 된다. 상대의 이 '요구'에 집중하고 패
> 를 맞추다 보면, 협상 내내 끌려다니게 된다.**

맞추다 보면, 협상 내내 끌려다니게 된다. 예를 들어, A라는 광고주가 있다. 그 회사 마케팅팀이, B라는 광고대행사가 받아야 할 견적가의 10퍼센트를 삭감해달라고 요구했다. 그러면 B대행사는 10퍼센트 삭감을 수용할 수 없으므로 그 절반인 5퍼센트 삭감으로 협상하기 마련이다. B대행사는 10퍼센트 삭감이라는 '요구'에 집중하고 반응한 것이다. 만약 두세 번의 협상 후 7퍼센트 삭감으로 마쳤다면, B사는 10퍼센트에서 7퍼센트로 삭감 폭을 줄였으니, 잘한 협상이라고 자기 위안에 빠지기 쉽다.

하지만 다른 각도에서 이 협상테이블의 '욕구'를 파악할 수 있다. A광고주는 B대행사의 기복 있는 결과물에 다소 불만이 있고, 그에 따라 대행사 비용의 10퍼센트에 해당하는 금액을 타 마케팅 활동에 쓰려는 계획이 있다. 그렇다면 이 대목에서의 욕구는 안정적인 결과물이다. 욕구를 파악하고 집중하면 전혀 다른 협상이 된다. "제가 책임자로서 결과물의 안정성에 확실한 주의를 기울이겠습니다. 우선 6개월간 별도 제작팀을 한시적으로 운영해서 완성도를 눈에 띄게 높이고, 6개월 뒤에 양사가 함께 제작물의 완성도를 판단한 후 그때도 마음에 들지 않는다면 제작비 삭감을 논의하시는 것이 어떨지요?"라는 역제안counter offer을 낼 수 있다. 무작정 제작비 삭감을 전제로 몇 퍼센트 깎일지 따지는 요구에만 집중하는 협상은 일차원적 협상이다.

요구보다 욕구를 파악하면, 훨씬 더 값어치 있고 다양한 협상 전략을 짤 수 있고, 양측 모두 만족할 수 있는 좋은 협상이 도출될 확률이 높아진다. 요구에만 반응해 몇 퍼센트 삭감을 고민하면 삭감 이외에 마땅한 대안이 없다. 삭감될 퍼센트의 숫자만 달라질 뿐이다.

협상의 진정한 매력은 상대가 미처 예상하지 못했던 제안creative offer 을 던졌을 때다. 그렇게 준비하면 결과적으로 유리한 협상을 이끌어 낼 수 있다. 정확히 말하자면, 이 제안도 다양한 변수에 따른 목표를 설정하면서 함께 준비해야 한다. 목표에 못 미칠 때를 대비해 미리 다른 옵션도 생각해두어야 한다. 어떤 협상도 단번에 타결되는 걸 본 기억이 없다. 따라서 대안은 반드시, 사전에 생각해서 리스트로 만들어 협상에 임하는 것이 좋다.

몇 년 전 한 광고주 구매팀과 협상테이블에 앉았을 때의 일이다. 광고주 본사 지침에 따라, 미디어 영역에서 3퍼센트 삭감해달라는 요구였다. 쉽게 말하면, 매체 광고비에서 3퍼센트의 비용 절감 효과를 보게 해달라는 요청이었다. 이 경우에 '요구'는 3퍼센트의 비

> 목표에 못 미칠 때를 대비해 미리 다른 옵션도 생각해두어야 한다. 어떤 협상도 단번에 타결되지 않는다. 따라서 대안은 사전에 준비해서 리스트로 만들어 협상에 임하는 것이 좋다.

용 절감이었고 '욕구'는 '본사 지침을 어기지 않으면서도 당신네 대행사에 피해가 가지 않길 바라는 마음'이었다. 구매팀은 우리의 일하는 방식과 퍼포먼스에 만족해했고, 대행사에 피해가 가지 않는 선에서 우리와의 관계를 호의적으로 지속하기를 원했다. 결국, 우리는 매체팀과 내부 미팅을 통해 비용 절감이 아닌, 같은 비용을 쓰더라도 더 큰 효과를 주는 방향으로 협상 포인트를 확정했다. 광고주 구매팀이 강하게 삭감만을 고집하지 않을 거라는 믿음이 있었기 때문이다. 매체팀은 광고주가 체감할 수 있는 더욱 섬세한 미디어 계획을 작성하고, 아울러 보너스 채널을 확보해 105퍼센트의 매체 효율을 보장했다. 같은 광고비용을 지출하면서도, 105퍼센트의 매체 집행 효과를 보장한 것이다. 광고주 구매팀은 본사와의 협의 끝에, 우리의 제안을 수락했다. 우리는 회사 수익의 손실 없이, 그리고 광고주 또한 광고 효율 극대화라는 원했던 결과를 얻으며, 함께 승리할 수 있었다.

이러한 협상의 기본 원리는 일상에서도 효과적으로 쓰일 수 있다. 상대가 예상치 못한 제안은 다양한 방식으로 존재할 수 있다. 1년마다 찾아오는 연봉 협상도 마찬가지다. 사용자의 관점에서 연봉 협상을 진행한 경험을 비추어보면, 협상 당사자의 모습을 볼 때 복합적인 생각이 들곤 한다. 가끔은 회사가 더 지급할 여력도 있고, 마음이 가는 직원임에도 협상 자체를 아예 포기하거나 스스로 만족해 바로 사인하는 직원도 있었

평생 모은 전 재산을 쏟아부어야 하는 부동산 계약에도, 연봉에 가까운 자동차 구매할 때도 조바심에 서둘러 마무리하거나, 급한 마음을 상대에게 들켜 협상도 못한 채 눈 뜨고 코 베인다.

고, 별로 좋지 않은 평가를 바탕으로 낮은 인상률이 책정되었음에도 선을 넘는 태도와 말로 그나마도 못 챙기는 직원도 여럿 보았다. 어디 이뿐일까? 평생 모은 전 재산을 쏟아부어야 하는 부동산 계약에도, 연봉에 가까운 자동차를 구매할 때도 조바심에 서둘러 마무리하거나, 급한 마음을 상대에게 들켜 협상도 못한 채 눈 뜨고 코 베이는 경우가 흔하다. 적게는 백, 크게는 억 단위 돈이 바뀔 수 있는 문제임에도 아무런 준비가 없으니 안타깝기만 하다. 하물며, 연애나 결혼생활까지도 우리는 매일 협상하며 살아야 한다. 협상을 잘하려거든 딱 세 가지를 기억하자. 목표를 잘 설정하고, 숨겨진 욕구를 파악하며, 상대가 예상하지 못할 제안을 준비하자. 협상은 그게 다다.

경쟁에서
이기는
간단한 법칙

최근 오랜만에 르노코리아의 구매팀장을 만났다. 나는 2006년부터 2021년까지 거의 15년 동안 광고대행사 직원으로서 르노코리아를 담당한 인연이 있다. 한 브랜드 광고를 이처럼 오래 담당한 사람은 내가 처음이지 않을까 싶다. 사정이 그렇다 보니 구매팀장은 과거 자사의 광고 이력에 관해 궁금한 점이 많았고, 나 또한 오랜만에 보는 얼굴이라 반가운 마음이 앞섰다. 짧은 근황을 나누던 중, 그는 내가 책을 준비 중인 것을 알고 경쟁 프레젠테이션에 관해 좀 더 많은 분량을 할애해달라고 부탁 아닌 부탁을 해왔다. 실제로 사람들이 광고인에게 가장 궁금해하거나 기대하는 내용이 경쟁 프레젠테이션에 관한 것이 아닌가 싶다.

광고인들에게 경쟁 프레젠테이션은 참 마약 같은 단어다. 듣기만 해도 골이 지끈지끈 스트레스가 밀려오기도, 한편으로는 생각만 해도 가슴이 뛰는, 복잡한 감정이 혼재하는 단어다.

광고인들에게 경쟁 프레젠테이션은 마약 같은 단어다. 듣기만 해도 골이 지끈지끈 스트레스가 밀려오기도, 한편으로는 생각만 해도 가슴이 뛰는, 복잡한 감정이 혼재하는 단어가 바로 경쟁 프레젠테이션이다. 아이디어 하나로 경쟁자를 이겨내고, 말도 안 되게 멋진 프레젠테이션만으로 광고를 따오는, 듣기만 하면 참으로 근사한 일이다. 하지만, 성공하느냐 실패하느냐 따라 회사 전체의 명운이 바뀌는 거대한 프로젝트이다 보니, 특히 담당하는 AE와 CD는 영혼을 갈아 넣는 고통스러운 일이다.

경쟁 프레젠테이션 의뢰가 들어오면, 통상 광고 예산을 확인하는 것으로 시작한다. 예산 규모에 따라, 담당하는 팀 구성이 달라지기 때문이다. 참여할지 말지, 참여하더라도 가볍게 볼 프레젠테이션인지, 전사 차원에서 협업할 프레젠테이션인지는 전적으로 광고 예산의 규모에 따라 달라진다.

그다음으로 진정성이 있는 프레젠테이션인지를 살펴봐야 한다.

엄밀하게 보면 이 절차가 먼저일 수 있다. 많은 경쟁 프레젠테이션 중에서는 경쟁 프레젠테이션이라는 형식을 취하면서도 공정성이 담보되지 않은 프레젠테이션이 생각보다 많다. 예를 들어, A사가 현재 대행사인데, 광고담당 임원의 만족도는 높지만 계약 기간이 만료됨에 따라 회사 정책상 경쟁 프레젠테이션이라는 형식적 절차를 밟는 때가 있다. 이 경우라면 들러리를 서는 프렌젠테이션이다. 물론, 들러리 역할임을 알면서도 그걸 감수할 만큼 대형 광고주일 때면 알면서 참여하는 때도 있다. 주로 AE들이 살펴보지만, 가용할 수 있는 최대한 다양한 경로를 통해 사실관계를 체크한다. 전력을 다해 프레젠테이션을 준비했는데, 들러리 프레젠테이션으로 판명될 경우, 정말 낭패다.

경쟁 프레젠테이션에 참여하면, 상황에 맞게 팀을 구성한다. 한 팀에서 도맡아 진행하는 때도 있고, 드물게 여러 팀의 장점을 모으기 위해 통합해서 구성하는 때도 있다. 프레젠테이션을 준비하는 기간은 3주 정도가 일반적이다. 길게는 한 달이고 짧게는 2주도 있다. 준비할 시간이 넉넉해졌다고, 긴 기간이 마냥 좋은 것은 아니다. 준비하는 실무자의 관점에서 보면, 준비 기간이 길면 긴장을 유지하기 어렵고 피로감이 쌓인다. 그리고 그 시간에 다른 일을 하기 어려우

므로 긴 준비 기간이 그렇게 반갑지는 않다. 내 경험상 3주 정도가 피로감 없이 준비할 수 있는 적당한 기간이다. 지금은 거의 사라졌지만, 내가 광고를 시작하던 무렵

대형 프레젠테이션 전날은 고요하게 지나가기 힘들다. 발표자는 리허설로 분주하고, 다른 사람들은 발표 장소와 구조를 사전에 답사해야 하고, 제작팀은 영상, 인쇄 제작물 최종 점검으로 시끌벅적하다.

에는 이른바 '호텔 작업'이라는 게 있었다. 프레젠테이션이 막바지에 이르렀을 때, 집중하겠다는 요량으로 프레젠테이션 팀이 회사 근처 호텔 방을 잡고 그곳에서 숙식하며 디데이를 준비했다. 상대적으로 큰 광고주 프레젠테이션이라면 대부분 호텔 작업을 했다. 집을 오가는 시간도 아낀다는 긍정적인 효과가 없던 것은 아니지만, 하루 내내 함께한 사람들을 다시 한곳에 몰아넣고 영혼을 갈아야 하는 과정이었으니, 녹록지 않았다.

가장 큰 미스터리는 프레젠테이션 전날이었다. 어쩌면 예상할 수 있겠지만, 프레젠테이션 전날은 항상 고요하게 지나가기 힘들다. 발표자는 리허설로 바쁘고, 다른 사람들은 광고주에게서 전달받은 장소와 구조를 사전에 답사하고, 프레젠테이션 장소가 달라진 경우라면 현장팀을 보내 회의실 구조를 사진 찍어 오기도 한다. 프레젠테이션 발표자가 당황하지 않도록 리허설 때부터 동선을 점검하고 적응하도록 돕기 위한 것이다. 제작팀은 영상 제작물, 인쇄 제작물을

최종으로 점검한다. 보통, 제작물은 끊임없이 수정되곤 하므로 전날 밤늦게서야 전달되는 경우가 많다. 프레젠테이션 피치 덱^{Pitch Deck}에 최종 제작물을 얹고 마무리하다 보면 밤을 지새우게 된다. 항상 하루만 일찍 서두르자고 준비해도, 경험상 단 한 번도 그렇게 되지 않았다. 그렇다 보니 프레젠테이션 전날을 편히 곱게 보내본 적이 없다. 지금은 하드카피를 제출하지 않아도 되는 프레젠테이션이 많아졌지만, 과거에는 열 부 정도씩 하드카피로 제출해야 했다. 팀 막내라면 회사 프린터기 옆에서 꼬박 밤을 새워야 했다. 왜 꼭 그럴 때면 잉크가 떨어지고, 종이가 걸리는지 미스터리다. 100쪽이 훨씬 넘는 피치 덱을 열 부 인쇄하고 묶으면 아침이 된다.

이제 디데이. 막내는 준비물 리스트를 확인하며 빠진 것이 없는지 확인한다. 광고주 회의실에 빔프로젝터가 있어도, 회사 빔프로젝터를 챙겨가고, 프레젠테이션 중간에 노트북이 멈출 수 있으므로 파일이 담긴 여분의 노트북도 챙겨야 한다. 사건 사고는 당일에도 계속된다. 실제로 과거, 우리 팀의 소니^{Sony} 경쟁 프레젠테이션 때도 비슷한 일이 일어났다. 그때 제작물이나 자료들이 용량이 커서 경쟁 프레젠테이션 중 노트북이 멈춰버리는, 말도 안 되는 일이 현실이 된 것이다. 퀵서비스로 다른 노트북을 보냈으나 그 역시 중간에 멈춘

탓에 프레젠테이션을 망친 슬픈 일화가 있다. 내 전임자에게 들었던 또 다른 사연도 있다. 대일밴드 경쟁 프레젠테이션 때의 일이다. 앞 팀이 예정된 시간보다 늦게 끝나는 바람에 급히 움직여야 했다. 제작물을 보드에 붙이는 과정에서 마음이 급했던지 옆 사람에게 "스카치테이프 좀 줘"라고 외쳤다. 그런데 문제는 대일밴드가 광고하려던 테이프가 공교롭게도 스카치테이프의 직접 경쟁 제품이었다. 이를 라이브로 지켜보던 광고주는 퇴장했고, 그 회사는 아예 프레젠테이션에 참여하지 못했다는 웃지 못할 사연도 있다.

마음 급한 나머지 "스카치테이프 좀 줘"라고 외쳤다. 그런데 문제는 프레젠테이션의 대상 광고가 '스카치테이프'의 직접 경쟁 제품인 대일밴드 셀로판테이프라는 거였다.

　어쨌든, 잘 믿어지지는 않겠지만 프레젠테이션 당일 발표자가 참석하지 않아 곤란을 겪기도 한다. 회사에서 디지털 분야를 담당했던 팀장이 프레젠테이션에 불참하는 일이 일어났다. 어쩔 수 없이 다른 사람이 긴급히 투입되어 프레젠테이션을 진행했지만, 준비를 담당한 발표자가 아니면 할 수 없는 설명이 있다. 다음날 불참 사유를 들어보니 이해할 수 있는 교통사고였다고는 하나, 이미 프레젠테이션은 물 건너간 상황이었다. 따라서 행여라도 그런 일은 없어야겠지만, 중요한 프레젠테이션이라면 예비 발표자도 준비하는 것이 좋다.

영화처럼 프레젠테이션에도 서사와 반전 그리고 메시지가 넘쳐난다. 그것들이 끼치는 영향력이 얼마나 크냐가 프레젠테이션의 성패를 좌우한다.

간혹 차별화를 위해 의상을 맞춰 입거나, 광고주의 취향을 겨냥해 소품을 준비하기도 한다. 에어아시아^{Air Asia} 항공사 프레젠테이션에 참여했을 때의 일이다. 프레젠테이션 당일 '기특한' 인상을 주기 위해 에어아시아 모자를 구해서 전 팀원이 맞춰 쓰고 들어갔다. 현장에 있던 광고주는 긍정적인 의미에서 놀라워한 눈치였으나, 문제는 외국인 주요 의사결정자들이 현장에 없었고 온라인으로 참석해 그 진정성을 제대로 만끽하지 못했다는 데 있었다. 프레젠테이션 사전 점검의 중요성이 고스란히 드러난 사례라 할 수 있다. 아디다스 경쟁 프레젠테이션에 참여했던 내 지인의 일화도 흥미롭다. 지인의 팀은 안쪽에 아디다스 티를 입고 있다가 중간에 보여주는 깜짝 퍼포먼스를 준비했다고 한다. 문제는 프레젠테이션 시작과 동시에, 첫 번째 슬라이드에서 시장 상황을 설명하는 상황에서 나이키가 아디다스를 앞서는 시장 점유율을 놓고 '맞나 틀리냐', '어디서 얻은 자료냐' 등 날 선 질문이 쏟아지는 바람에 준비한 깜짝 퍼포먼스를 보여주지도 못하고 돌아왔다고 한다. 잘 안 된 사례를 들긴 했지만, 광고대행사가 하는 모든 노력은 광고주의 마음을 사로잡고 기억에 남고자 하는 눈물겨운 노력이 담겨 있다. 영화처럼 프레젠테이션 안에도 이미지와 서사 그리고 반전과 메시지가 들어 있다. 결국, 이것들이 얼마나 조화롭게 구성되어 있느냐가 프레젠테이션의 성패를 가른다.

첫 번째 프레젠테이션의 강점은 주목도가 높다는 점이고, 마지막 프레젠테이션의 강점은 기억이 선명하다는 점이다. 따라서 첫 번째 프레젠테이션이라면, 시장 분석 등을 적절히 활용하는 게 유리하며, 마지막 프레젠테이션이라면 앞서 반복된 내용을 생략하고 짧고 굵은 메시지에 집중해야 한다.

경쟁 프레젠테이션은 그 순서도 매우 중요하다. 언제 하느냐를 두고 대행사 간 눈치작전도 치열하다. 만약 네 개의 회사가 경쟁 프레젠테이션을 한다면 어떤 회사는 첫 번째를 선호하고 어떤 회사는 마지막을 선호한다. 첫 번째 순번을 선호하는 이유는, 처음이 주는 주목도에 의미를 두는 경우다. 처음이면 아무래도 유리한 점이 있다. 직접 비교 대상이 없으므로 무슨 얘기를 해도 신선하고 집중해서 듣는다. 이게 첫 번째의 힘이다. 하지만 단점이 있는데, 처음에 한 탓에 뒤로 갈수록 심사자들의 기억에서 멀어질 수 있다는 점이다. 마지막 순서는, 심사 직전이라 기억이 가장 선명하다. 그게 가장 큰 장점이다. 단점은 심사위원이 이미 지쳐 있다는 점이다. 웬만한 제작물이 아니면 그때쯤에는 시큰둥해진다. 게다가 비슷한 종류의 시장 상황이나 전략도 대부분 앞에서 했던 얘기들이 중복되면서 집중력이 떨어진다. 그래서 마지막 순번의 프레젠테이션이라면 시장 분석 등 앞

부분은 과감히 설명을 줄이고, 제작물 프레젠테이션에 중점을 두고 짧고 굵게 접근할 수 있는 방향성을 잡고 준비해야 한다.

최근 경쟁 프레젠테이션의 심사위원 자격으로 참여할 기회가 많아졌다. 아우디 코리아와 웰콤 재직 시절에도 공익광고협의회에서 심사 의뢰가 많아 다양한 경쟁 프레젠테이션의 심사위원으로 참여하곤 했지만, 요즘만큼은 아니었다. 그런 경험에 비추어보면, 프레젠테이션 순번은 앞이 더 좋다. 뒤로 갈수록 집중력이 떨어지고 관심도 떨어지다 보니 비슷한 안이라면 앞쪽에서 진행한 프레젠테이션이 더 매력적으로 느껴진다. 가장 맨 처음도 몸풀기처럼 느껴져 그리 좋지만은 않고, 아이디어의 수준이 비슷하다는 전제에서 두 번째가 심사할 때 가장 긍정적으로 느껴지고 관심도도 유지된다. 우연이지만, 가장 최근에 참여했던 심사에서도 두 번째 회사에 가장 높은 점수를 주었고, 첫 번째를 2등으로, 세 번째를 3등으로, 마지막에 제일 적은 점수를 주었다.

경쟁 프레젠테이션이 끝나면 참여자 모두 초조하게 결과를 기다려야 한다. 빠를 때는 회사로 돌아오는 차 안에서 승리 소식을 접하기도 했다. 우리 회사는 마지막 순번이었는데, 발표를 마치고 해당 건물에 들어 있는 커피숍에서 커피 한 잔씩 마신 후 사무실로 돌아오는 차 안에서 듣고, 차를 돌려 후속 진행을 협의한 적도 있다. 물론 이는 특이한 경우이고, 대개 2~3일 안에 결과를 듣게 된다. 그 시간이 지체될수록 작은 회사들은 걱정이 늘어간다. 바로 발표가 나지 않는다는 것은 광고 제안 이외에 다른 변수가 작용할 틈과 시간이 생긴다는 걸 의미한다. 예를 들어, 규모가 작은 회사가 가장 점수가 좋았다면 바로 발표하면 되는데, 담당자가 선택을 망설이는 경우가 있다. 기존의 큰 대행사가 아주 못한 것도 아니라면, 큰 대행사가 '약속(대기업 인하우스 대행사가 자신이 속한 대기업의 영향력을 통한 혜택을 강조하는 것)'을 매개로 뒤집기를 시도하는 사례도 빈번하다. 내게도 그런 경험이 두어 번 있었는데, 최종 경쟁에서 1위였음에도 다른 회사랑 결선 프레젠테이션을 한 번 더 해달라는 요청을 받았다. 어이없고 슬픈 예감은 항상 틀린 적 없듯이, 두 번째 프레젠테이션에서 졌다. 짜 먹는 감기약을 광고하는 회사였다. 다른 회사는 프레젠테이션에서는 이겼지만, TV 광고 계획이 무산됐다는 사실을 통보했다. 훗날 그 회사는 아무 일도 없던 듯이 TV 광고를 진행하고 있었다. 광고 일을 하다 보면 이처럼 어이없는 상황을 지켜봐야 할 때가 많다.

프레젠테이션은
'장악의 예술'이다

사람들은 말을 잘하고 싶어 하고 돈을 내고서라도 배우려고 한다. 그 진지한 목적을 생각해보면, 단지 자신의 상태를 표현하는 말이 아닌 타인을 설득하는 데 필요한 말을 배우려는 것이다. 설득의 가장 대표적인 형태가 바로 프레젠테이션이다. 프레젠테이션은 화자가 그 의도와 목적을 뚜렷하게 드러내며 상대를 설득하는 기술적으로 고도화된 말의 한 장르다. 비단 광고회사가 아니더라도 일을 하다 보면 여러 형태의 발표를 해야 하는 일이 많다. 현재 나는 스타트업 경영자로서 경쟁 프레젠테이션보다 투자 유치를 위한 IR 피칭[IR] pitching을 하는 경우가 많은데, 이번에는 여러 유형의 프레젠테이션에 유용하게 써먹을 수 있는 이야기를 다뤄보겠다.

얼마 전, 광고업계를 다룬 드라마 〈대행사〉에 프레젠테이션 교육 장면이 나와서 내 관심을 끌었다. 내가 광고업계에서 질리도록 해왔던 일이기도 하고, 드라마에 어떻게 표현되는지 궁금하기도 했다. 그런데 드라마에서 표현된 것들은 내가 경험한 사실과 조금 달랐다. 예를 들어, 드라마 장면에서 매우 중요하게 다룬, 버릇 같은 손동작을 못하게 두 손을 앞으로 가지런히 해야 한다거나 발표 시 누구를 쳐다봐야 한다든가 하는 것은 아주 지엽적인 문제고, 실제 프레젠테이션의 결과에 크게 영향을 주지 않는 요인이기 때문이다. 내가 생각하는 프레젠테이션의 본질은 설득이고, 그 설득을 위해서는 무대를 장악해야 한다. 여기서 중요한 점은 얼마나 프레젠테이션 내용을 이해하고 장악하고 있느냐, 그리고 그 완벽하게 장악한 내용을 무기로 프레젠테이션에 참석한 사람들을 공략해 내 편으로 만들고 항복하게 만드느냐지, 손동작이나 눈빛이 본질은 아니다.

프레젠테이션의 본질은 설득이고, 그 설득을 위해서는 무대를 장악해야 한다. 여기서 중요한 점은 얼마나 프레젠테이션 내용을 이해하고 장악하고 있느냐, 그리고 그 완벽하게 장악한 내용을 무기로 프레젠테이션에 참석한 사람들을 공략해 내 편으로 만들고 항복하게 만드느냐.

내용을 장악한다는 말은 발표 주제의 전체 흐름을 완벽히 이해하고, 발표자만의 것으로 소화한다는 의미다. 발표자의 상당수가 발표 시나리오처럼 스크립트를 쓴다. 도입 인사말, 날씨 얘기와 같은 내용까지도 시시콜콜한 내용을 스크립트에 담아낸다. 어느 정도의 스크립트는 필요하지만, 그보다 더 중요한 것은 짧은 시간 안에 중요한 내용을 정리할 수 있어야 한다. 이른바, 3분 요약이다.

프레젠테이션의 성패는 3분 안에 옆에 앉은 누군가에게 얘기해주듯이 설명할 수 있는 '3분 요약'이 가능하냐의 여부에 달려 있다고 봐도 무방하다. 프레젠테이션을 3분 안에 소화하려면, 그것도 옆에 앉은 사람에게 설명하려면 전체 흐름과 내용을 완벽하게 파악하고 있어야 한다. 또 어떤 것이 중요한지 경중을 이해해야 3분 안에 옆 사람에게 설명할 수 있다. 즉 압축하고 줄일 수 있는 능력, 그게 프레젠테이션을 잘할 수 있는 첫 번째 요소다. 그러자면 각 슬라이드마다 키워드 하나씩을 추출해야 한다. 단어 하나 혹은 두세 단어면 충분하다. 짧은 문장도 괜찮다. 그렇게 슬라이드마다 키워드를 압축해 정리하고, 어떻게 그 키워드를 연결해 짧은 스토리를 입힐 것인지 고민하는 게 먼저다.

프레젠테이션의 성패는 3분 안에 누군가에게 얘기해주듯이 설명할 수 있는 '3분 요약'이 가능하냐의 여부에 달려 있다.

회사 경력이 쌓이게 되면 아주

잘 알게 되지만, 업무에서 요약만큼 중요한 능력도 없다. 내 이야기에 집중할 대상들은 항상 자기만의 머리 복잡한 업무 생각에 사로잡혀 있다. 자신의 말이 길어지는 것은 자각하지 못하지만, 남의 말이 길어지는 건 끔찍하게 참기 어려워한다. 그래서 이미 많은 회사가 요약의 중요성을 강조한다. 코카콜라는 모든 보고서를 A4 한 장에 담도록 했다. 불필요한 내용을 줄이고 핵심을 정리하게 하는 것이 목표다. 좀 더 과감한 시도도 있다. 현대캐피탈에서는 회사 내 모든 회의에서 파워포인트를 못 쓰게 한 적도 있다. 극단적인 방법이지만, 여기서 중요한 것은 핵심을 파악하고, 그 핵심을 연결해서 이야기를 만드는 훈련이 필요하다는 점이다.

내가 전체 흐름을 제대로 이해하고 내용을 장악했다면, 옆에 앉은 누구에게라도 3분 안에 친절히 전체 핵심을 잘 설명할 수 있다. 만약 그럴 수 없다면, 발표 내용에 문제가 있는 것으로 보고 재검토해야 한다. 내가 이해하지 못하고 있거나, 어느 것이 핵심인지를 모르고 있다는 사실이다.

3분 요약은 특히 돌발상황에서 그 위력이 발휘된다. 프레젠테이션이나 보고는 항상 돌발 변수가

> 코카콜라는 모든 보고서를 A4 한 장에 담도록 했고, 현대캐피탈은 아예 파워포인트 사용을 금지하기도 했다. 극단적인 방법이지만, 이러한 각 기업의 노력이 이어지는 이유는 핵심을 파악하고 그 핵심을 연결해서 이야기를 만드는 프로세스를 구축하기 위해서다.

많다. 임원이든 사장님이든 갑자기 일정이 생겨, 주어진 시간이 확 줄어드는 일이 비일비재하다. 이 같은 변수가 발생해도 핵심을 짚어 이야기할 수 있어야 한다. 듣는 사람 관점에서 제일 답답할 때가 발표가 장황할 때다. 준비한 문장, 키워드를 장표에 적힌 그대로 따라 읽고, 남의 소중한 시간을 까먹는 것은 그야말로 최악이다. 적힌 내용 그대로를 빨리 읽는 것은 프레젠테이션이 아니다.

3분 요약이 가능해졌다면, 요약된 내용 사이를 자연스럽게 연결하는 '브리지 멘트bridge ment'가 필요하다. 특히 이 브리지 멘트는 청자의 관심을 자연스럽게 이끌어내는 중요한 요소다. 만약 지금 열 번째 슬라이드를 설명하고 있다면 열한 번째 슬라이드의 내용을 아는 사람은 누구일까? 회의실에 나 말고 아무도 모른다. 나는 알고 다른 사람은 모르는 내용을 잘 활용해야 한다. 궁금증 없이 다음 슬라이드를 맞이해서는 곤란하다. 자연스럽게 다음 장의 내용을 연상시키거나 궁금증을 유도하며 넘어가는 마술, 바로 그게 브리지 멘트다. 나는 지금도 이 브리지 멘트를 많이 활용한다. 프레젠테이션을 확실히 주도하는 느낌을 받는다면 바로 이 브리지 멘트를 잘 활용하고 있는 것이다. "제가 지금 설명한 내용이, 저만의 주관적인 생각으로 보일 수 있습니다. 그런데 과연 그럴까요? 대학생 사용자 천 명에게 같은

내용으로 질문을 해봤습니다. 어 　　　궁금증 없이 다음 슬라이드를 맞이해서는 곤
땠을까요?" 이렇게 다음 장을 염 　　　란하다. 자연스럽게 다음 장의 내용을 연상
두에 두고 지금 슬라이드에서 넘 　　　시키거나 궁금하도록 유도하며 넘어가는 마
어갈 때 브리지 멘트를 적절히 잘 　　　술, 바로 그게 브리지 멘트다.

사용하면, 듣는 사람들은 발표자가 내용을 완벽하게 파악하고 있다
는 믿음을 갖게 되고, 내가 의도하는 호기심과 기대를 품고 다음 슬
라이드와 향후 내용을 더 집중해서 듣게 되는 효과가 생겨난다.

　이 과정에서 또한 중요한 것이 호흡과 전조, 밀당의 기술이다. 핵
심 내용도 완벽히 파악했고, 자연스럽게 슬라이드를 전개하면서 분
위기가 점점 더 고조되는 상황이라고 해보자. 이때 필요한 것이 호
흡과 전조다. 앞서 나는 프레젠테이션이 장악의 예술이라고 말한 바
있다. 사람들의 생각을 장악하고 내가 의도하는 방향으로 끌고 가려
면 사람들을 좀 더 몰입하게 해야 한다. 중요한 내용이나 반전의 효
과를 기대하는 순간이라면, 호흡을 잠시 멈춘다. 3초 정도의 침묵을
갖게 되면 사람들은 호흡이 깨지면서 긴장하고 몰입하게 된다. 숨을
참으라는 것이 아니라, 말의 호흡을 잠시 멈추는 것이다. 흐름이 일정
하면 사람은 집중력을 잃고 앞으로의 내용을 예단한다. 그걸 피하려
고 중간중간 리듬을 깨는 것이다. 보통 화자가 흥분하거나 긴장하면

화자가 흥분하거나 긴장하면 말과 호흡이 빨라진다. 그러면 듣는 사람도 불편하다. 열정적인 것과 급한 것은 절대 같지가 않다.

말과 호흡이 빨라진다. 그러면 듣는 사람도 불편하다. 열정적인 것과 급한 것은 절대 같지 않다.

전조는 일종의 의외성을 부여하는 것이다. 콘서트와 같이 관객을 앞에 둔 가수들은 대개 기존의 노래를 그대로 부르지 않는다. 관객들에게 큰 감동을 전하기 위해 편곡 등을 활용해 드라마틱하게 변형해 노래를 부르곤 한다. 그때 쓰는 방법이 전조다. 장조와 단조를 번갈아 사용하며 곡의 분위기를 바꿔서 노래를 예상과 다르게 전개해서 더 극적인 효과를 내는 것이다. 프레젠테이션에서도 이 전조가 필요하다. 앞서 설명한 호흡과 같이 사용하면 효과가 더 배가된다. 톤을 높여 설명하다가 한 호흡 멈추고 좀 더 낮은 어조로 정리하는 식이다. 예를 들면, "(격정적으로 변화의 필요성을 역설한 후 한 호흡 쉬고, 어조를 바꿔) 해야 할 변화라면, 지금부터 시작하시기 바랍니다." 혹은, 변화가 필요하다는 화두를 꺼내며, 톤을 높여 "왜? 왜, 변화일까요? 왜, 지금이어야 할까요?" 이 부분에서 톤을 높이는 것이다. 물론, 전조를 너무 자주 쓰면 피로감이 생겨날 수 있으므로 주의해야 하지만, 적절한 긴장감을 프레젠테이션 내내 유지하는 방법이다.

이른바, '명강의'라고 하는 유튜브 영상들을 보면 빠지지 않고 들어가는 요소가 있다. 바로 갑자기 훅 들어오는 질문이 그것이다. 이 질문을 잘 활용해야 한다. 프레젠테이션은 보이지 않는 기의 대결이다. 발표자가 약해 보이거나 틈을 보이면 힘들어진다. 물론, 내용 자체에 힘이 있고 좋다면 굳이 기 싸움은 필요 없다. 하지만 모든 프레젠테이션이 순탄할 수는 없다. 그래서 질문이 필요하다. 상대방을 온전히 내게 집중시키고 긴장하게 만드는 힘은 질문에서 나온다. 권투에는 한방에 상대를 쓰러뜨릴 수 있는 카운터 펀치, 큰 힘을 발휘하는 훅이나 어퍼컷이 있다. 그런 권투 기술 중에 가장 많이 활용되는 기술이 잽이다. 잽은 상대방의 허점을 파악하고 공격 기회를 엿보기 위해 던지는 기술이다. 하지만 그보다 먼저 상대의 공격을 억제하는 효과가 있다. 프레젠테이션 중간중간 가벼운 질문을 던지면 누구라도 긴장하게 된다. 당장 잽을 맞아서 쓰러지진 않는다. 하지만 잽을 맞지 않으려고 신경 쓰게 된다. 어느 때건 질문을 받을 수 있다는 생각이 들면 집중할밖에 도리가 없다. 그 질문이 재미가 없거나 지나치게 난감한 것이어서는 안 된다. 질문받는 사람이 곤란해지면 오히려 안 하느니만 못한 것이 된다. 간단한, 다음 주제에 양념이 될 만한 질문이면 충분하다.

권투 기술 중에 가장 많이 활용되는 기술이 잽이다. 잽은 상대방에게 적당한 거리를 유지하도록 긴장감을 조성하는 역할을 한다. 질문은 프레젠테이션에서의 잽과 같은 역할을 하며, 청자들의 지루함과 무관심을 방지한다.

프레젠테이션이 잘 준비되고 작동되고 있다면, 사소한 손동작은 눈에 전혀 들어 오지 않는다. 반대로, 발표자의 손이 신경 쓰였다는 말은 이미 그 프레젠테이션이 망했음을 보여준다.

이제 마지막으로, 처음 내가 제기했던 문제의 '제스처'다. 대개 연차가 지긋한 선배들이 지적하는 말이 있다. "왜 이렇게 움직여? 손! 손을 어디에 두는 거야? 화면을 가리면 어떻게 해? 제스처는 이렇게 해야지." 그런데 앞서 지적했지만, 나는 이 모든 것이 지엽적이고 중요하지 않다고 생각한다. 내가 강조했던 것들이 잘 준비되고 작동되고 있다면, 사소한 손동작은 눈에 전혀 들어 오지 않는다. 반대로, 발표자의 손이 신경 쓰였다는 말은 이미 그 프레젠테이션이 망했음을 보여준다. 이미 망한 프레젠테이션에서 그 아무리 좋은 제스처를 한들 의미가 없다. 거만함과 여유, 호들갑과 열정은 한 끗 차이다. 그런 면에서 과거 내가 몸담았던 퍼블리시스 그룹의 COO께서 국내 대기업 광고주를 대상으로 진행한 프레젠테이션은 꽤 인상적이었다. 그는 자유분방하고 편하게, 상대방과 교감하며 회의실 테이블에 걸터앉아 여유는 넘치되, 열정적인 프레젠테이션을 진행하곤 했다. 그의 프레젠테이션은 기존 상식에 어긋나는 것투성이었음에도 그 자리에 참여했던 광고주들의 반응은 호의로 넘쳐났다.

제스처나 태도는 어떻게 보느냐에 따라 건방져 보일 수도, 여유 있어 보일 수도 있다. 또 열정적인 모습으로 보일 수도, 호들갑을 떤다고 볼 수도 있다. 참석자가 프레젠테이션을 어떻게 평가하고

> 제스처나 태도는 어떻게 보느냐에 따라 건방져 보일 수도, 여유 있어 보일 수도 있다. 열정적인 모습으로 보일 수도, 호들갑을 떤다고 볼 수도 있다.

있느냐에 따라, 같은 모습이라도 평가가 달라질 수 있는 것들이다. 무엇보다 내용을 완벽히 파악하고, 편안하게 3분 안에 설명해줄 수 있을 만큼 이해하고 이야기를 만들어낼 수 있어야 제스처나 태도도 편안하게 받아들인다. 흔히, 자신감 있게 임하라는 말을 하는데, 자신감은 연기에서 나오는 것이 아니라 내가 내용을 완벽하게 장악하고 있을 때 나오는 결과다.

쉽기가 쉽지 않다,
쉬운 게 '힘'이다

유튜브, 아프리카, 트위치 등 스트리밍 기반 플랫폼이 번성하면서 누구나 콘텐츠에 대한 접근이 쉬워졌고, 스스로 창작자가 되어 올리는 것도 가능해졌다. 그렇게 일반인 스트리머의 크고 작은 성공담들이 들려오면서 영상 콘텐츠 제작에 관한 관심이 눈에 띄게 늘어났다. 그런 분위기 탓인지 콘텐츠에 필요한 역량이 무엇인지 묻는 분들이 많아졌다. 사실 재미와 창의력에 관한 조언을 기대하며 묻는 질문임을 아주 잘 알지만, 나는 그럴 때마다 주저 없이 딱 단 한 가지 역량을 말씀드린다. 바로 '쉬워야 한다'는 거다. 이는 꼭 영상 콘텐츠에 국한되지 않는다. 기획안을 짤 때, 보고서를 작성할 때, 소비자를 상 대할 때, 고객사와 미팅할 때 등등 업종과 하는 일과 관계없이, 일상 에서 꼭 필요한 요소다.

유튜브 앱을 켜고 자기계발 관련 콘텐츠를 훑어보면, 수많은 강좌 가 나온다. 그중 조회 수 많은 영상 제목을 보면, '10분 만에 쉽게 요 리하는 법', '암기 없이 쉽게 공부하는 법', '주식시장에서 쉽게 돈 버 는 법' 등등 대개 쉽다는 걸 강조하는 제목이 많다. 누구나 복잡하지 않고 그 자리에서 바로 이해하고 쉽게 배우길 바라기 때문이다. 과 거만 하더라도 정보를 텍스트로 학습하고 받아들였지만 오늘날은 그렇지 않다. 텍스트보다 이미지, 이미지보다는 동영상으로 정보를 받아들이는 데 훨씬 익숙하고, 게다가 긴 영상보다 짧은 영상에 호 응한다. 그리고 그걸 잘 표현해내는 사람들이 성공한다. 요즘 세대들 은 1.2배속으로 영화를 보기도 하고, 십수 편의 드라마를 단 한두 시 간에 압축해 '몰아보기'도 한다. 재미가 없거나 불필요한 영상은 재 빠르게 '스킵'하고, 필요한 맥락만 빨리 흡수하려는 것이다.

대략 15년 전쯤, MBC 예능 〈무 한도전〉이 큰 인기를 끌면서 자막 의 기능이 강조되기 시작했다. 출

'10분 만에 쉽게 요리하는 법', '암기 없이 쉽 게 공부하는 법', '주식시장에서 쉽게 돈 버는 법' 등등 대개 쉽다는 걸 강조하는 제목이 많 다. 누구나 복잡하지 않고 그 자리에서 바로 이해하고 쉽게 배우길 바라기 때문이다.

연자 간 대화나 출연진이 처한 우스꽝스러운 상황을 김태호 PD가 자막으로 재미있게 표현하며 큰 인기를 끌었다. 거기에 출연자 간 '케미', 다양한 자막 크기와 색깔, 효과 등이 어우러지면서 예능 자막의 새 지평을 열었고, 자막이 필수인 시대가 되었다. 그런데 최근에는 이 흐름이 미세하게 달라졌다. 재미를 추구하는 건 여전하지만, 출연자의 말을 거의 그대로 자막으로 달아주는 것이다. 여기에는 여러 이유가 있을 수 있지만, 맥락을 쉽게 정리해 전달할 수 있는 점이 크다. 시청자가 잠시 딴짓을 하다가도, 다시 내용에 몰입할 수 있게 한다. 같은 내용을 귀로 듣고, 화면으로 영상을 보고, 거기에 자막까지 있으면 훨씬 이해하기 쉽기 때문이다. 볼륨을 줄여도 내용을 이해하는 데 큰 어려움이 없을 정도다. 그래서인지, 최근에는 넷플릭스 같은 OTT에서 국내 드라마임에도 자막을 켜놓고 보는 사람이 늘어나고 있다고 한다. 이 모든 현상이 콘텐츠를 쉽게 이해하려는 사람들의 욕망에서 비롯한 현상이다.

일상 속에서 "좀 더 자세히 설명해봐"라는 말보다 "좀 더 쉽게 설명해봐"라는 말이 더 많이 쓰인다. 자세한 설명을 요구하는 경우라면, 듣는 사람이 어느 정도 아는 정보가 있고 그에 대해 흥미가 있을 때나 쓰는 말이다. 반대로 쉬운 설명을 요구하는 경우라면, 듣는 사람이 아는 정보가 없고 주제에 큰 흥미도 없을 때 쓰는 말이다. 광고나 마케팅을 포함한 모든 콘텐츠의 목표는 내 의도와 생각이 정

우리는 일상에서 "좀 더 자세히 설명해봐"라는 말보다 "좀 더 쉽게 설명해봐"라는 말을 자주 쓴다. 이유는 단순하다. 정보가 넘쳐나는 상황에 피로감을 느끼기 때문이다.

보가 없는 상대에게 잘 전달되어야 하는 것이므로, 후자에 가깝다. 그러자면 대상의 관심을 불러일으켜야 하는데, 첫째도 둘째도 쉬워야 한다. 어떤 프로젝트를 진행하려는 담당자가 있다. 담당자의 관점에서 상사나 임원이 어떤 생각을 가질 때 가장 걱정스러울까? 아마도 담당자 본인이 진행하는 프로젝트에 의구심을 갖거나, 담당자가 잘 진행할 역량을 가졌는지 의심할 때다. 그럴 때 보고서가 누가 봐도 이해하기 어렵다면, 보고받는 상사의 의구심은 더 커진다. 담당자가 업무에 관해 제대로 이해하고 진행하는지조차 의심된다. 담당자 스스로 일을 잘 해낼 역량이 충분하다고 한들, 그 역량을 믿지 않으므로 제대로 발휘할 수도 없다.

광고는 사전 정보가 없고, 무관심한 소비자에게 전달되어야 한다. 소비자가 광고의 의도를, 전달하고자 하는 메시지를 이해하지 못하면 비용뿐만 아니라 광고대행사와 광고주의 모든 시간 비용까지 증발하게 된다. 따라서 광고 리뷰의 모든 첫 번째 관문은 '쉽냐'는 것이

프로 골퍼들의 스윙을 보면 참 쉽다. 힘 빼고 간결하게 툭 치는 데도 공이 똑바로, 아주 멀리 날아간다. 골프뿐 아니라 다른 모든 경기에서 챔피언들은 간결하다. 간결한 동작으로 완벽하게 해낸다.

다. 아이디어의 주목도나 재미는 철저히 그다음이다. 그러면 어떻게 하면 쉬울 수 있을까?

어느 분야에서건 일정 수준 이상, 고수의 경지에 오른 사람들을 보면 초보자가 보더라도 참 쉽게 한다. 프로 골퍼들의 스윙을 보면 참 쉽다. 힘 빼고 간결하게 툭 치는 데도 공이 똑바로, 아주 멀리 날아간다. 골프뿐 아니라 다른 모든 경기에서도 챔피언들은 간결하다. 간결한 동작으로 완벽하게 해낸다. 힘을 뺀다는 말은 무슨 의미일까? 욕심을 뺀다는 말이다. 멀리 보내려는, 세게 치려는 욕심이 들어가면 몸에 힘이 잔뜩 들어간다. 속도도 느려지고 정타는 더더욱 어렵다. 최악의 실수를 모아 놓으면 모두 힘이 많이 들어가 있다.

신입사원 시절, 내 기획서의 방향은 항상 내 상사가 아니면 광고주였다. 그분들이 높게 평가해주기를 간절히 원했고, 그렇다 보니 기획서는 양이 많았고 설명은 장황했다. 내가 얼마나 고생을 많이 했는지, 얼마나 많은 자료를 찾아냈는지, 얼마나 많이 알고 있는지를 알려주기 위해 온 힘을 다해 양으로 승부하곤 했다. '쉽게' 설명하면 마치 내가 노력하지 않았다고 말하는 것처럼 느껴졌다. 그러나 그건 철저한 나만의 자기만족일 뿐 아무것도 아니었다.

쉽게 하는 것은 잘 빼는 기술이다. 반드시 알아야 할 내용에 집중해야 한다. 막상 빼려고 하면 모든 내용이 아깝게 느껴지지만, 치유될 수 없는 팔다리를 자르듯

쉽게 하는 것은 잘 빼는 기술이다. 반드시 알아야 할 내용에 집중해야 한다. 막상 빼려고 하면 모든 내용이 아깝게 느껴지지만, 치유될 수 없는 팔다리를 자르듯 불필요하거나 군더더기를 빼야 한다.

불필요한 군더더기를 빼야 한다. 그러면 나중에 살을 붙이기가 오히려 쉽다. 100장짜리 파워포인트가 있다고 가정해보자. 50장으로, 25장으로, 10장으로 줄여보는 연습을 해보면 적지 않은 도움이 된다. 이 연습의 목적은 100장의 우선순위를 정할 줄 아는 거다. 꼭 필요한 장표가 어떤 것인지 알아야, 10장으로 줄여도 내용이 전달된다. 또 20장짜리 PPT 보고서가 있다면, A4 한 장으로 줄일 수도 있다. 핵심만 넣어야 한 장으로 정리할 수 있다. 단순하고 군더더기 없으면 보고서가 쉬워진다. 한눈에 이해되는 보고서만큼 보는 이가 좋아하는 것은 없다.

한때 크게 유행한 드라마 〈미생〉에 인상적인 장면이 나온다. 극 중 회사 내 에이스 중 에이스라는 철강팀 대리가 팀에 배치된 야심만만하고 자존심 강한 신입사원을 붙잡고 시킨 유일한 일이 글자 수 줄이기다. A4 반 장의 글을 같은 의미를 가지되 최대한 줄이는 연습을 시켰는데, 이 방법은 현실 세계에서도 유용하다.

마지막으로, 쉬운 용어를 쓰는 것을 절대로 두려워해서는 안 된다. 어려운 말을 쓰면 고상하고 전문적일 것이라는 것은 초보들의 착각이다. 고수의 말에는 어려운 말이 없다. 병을 잘 보는 명의는 알아듣기 어려운 의학용어를 잘 쓰는 사람이 아니라, 병의 원인을 환자에게 쉽게 설명해 병을 관리할 수 있게 하고, 그 병증을 신속히 제거해 치료하는 의사다.

10년쯤 전, 내 아이들이 다니던 학교에 일일 교사로 나선 적이 있다. '아빠가 들려주는 광고 이야기'라는 주제로 한 시간 동안 수업을 진행했다. 초등학교 6학년 아이들에게 광고가 무엇인지, 어떻게 만드는지를 말해야 해서, 쉽게 자료를 만들어 설명해주었고, 아이들도 무척이나 좋아했다. 그러다 우연히 바로 두어 달쯤 뒤 같은 내용을 대학생들에게 강의할 기회가 생겼다. 조금 편해볼 요량으로, 기존 자료를 거의 수정하지 않은 채 대학생들을 대상으로 강연했다. 그런데 놀랍게도 과거 대학 강연 때 분위기와 달리, 강의 몰입도가 매우 높았다. 그리고 나 또한 성인 대상의 강의가 훨씬 쉽게 느껴졌다. 어떤 콘텐츠든 재미와 감동이 쉽게 전달되지 않으면 뭔가 부족하

드라마 〈미생〉에는 인상적인 장면이 나온다. 극 중 회사 에이스 중 에이스라는 철강팀 대리가 팀에 배치된 야심만만하고 자존심 강한 신입사원을 붙잡고 시킨 유일한 일이 글자 수 줄이기다.

게 느껴진다. 하지만 어렵게 느껴진다면, 아예 안 하느니만 못한 일이 되기도 한다. 무슨 일이든 쉬워서 손해 보는 일은 없다.

"명분이 없다 아입니까,
명분이"

광고와 마케팅은 물론이고 직장생활이라는 것 자체가 설득의 연속이라 말해도 과언이 아니다. 설득을 잘하는 사람은 100미터 경주에서 적어도 20미터쯤 앞에서 뛰는 것과 같은 역량을 가진 사람이다. 국어사전에서 설득력은 '상대편이 이쪽 편의 이야기를 따르도록 깨우치는 힘'으로 정의되어 있다. 즉, 내가 어떤 말을 하든 상대방은 그말을 이해하고 내가 원하는 방향으로 따르게 된다는 말이다. 그러면 어떻게 해야 상대가 내가 한 말을 따르고, 내가 원하는 방향으로 움직일 수 있을까? 오랜 시간 AE로 일하며 설득의 현장에서 유용하게 활용했던 몇 가지 팁을 소개해볼까 한다.

　첫째, 그럴듯한 명분과 퇴로를 만들어줘야 한다. 설득의 대상을 개인과 조직으로 '굳이' 나눠 활용하는 것이다. 대리 시절의 일이다. 회사에서 해외 워크숍을 떠날 일이 있었다. 당시 나는 직원 복지위원장을 맡고 있었고, 직원들의 의사를 반영해 일보다는 휴식에 중점을 두고 괌 하야트호텔을 숙소로 잡았다. 나와 동료 한 명이 예정된 일정보다 하루 먼저 선발대로 숙소에 도착했다. 그렇게 새벽 2시쯤 호텔 체크인 후 객실로 향했다. 그런데 문을 열자 안에서 외국 여성이 놀라 나오며 우리에게 누구냐고 물었다. 당장은 황급히 사과하고 로비로 내려와 확인해보니 방을 잘못 준 것이었다. 그 시간에 항의하려고 해도 매니저가 없는 상황이라, 급한 대로 다른 방을 배정받아 일단 잠을 청했다. 다음 날 아침 식사를 마치고 방에 돌아와 보니 과일 바구니가 하나 놓여 있었다. 아마도 지난밤 사건이 보고되었고, 그에 대한 사과인 듯싶었다. 하지만 나는 워크숍 책임자로서 '단순 실수'로 무마할 일은 아니라고 생각했다. 생각을 정리한 후 로비로 내려가 지배인에게 내 요구사항을 전달했다.

　내 요구사항은 간단했다. 나와

**그럴듯한 명분과 퇴로를 만들어줘야 한다.
설득의 대상을 개인과 조직으로 '굳이' 나눠
활용하는 것이다.**

내 동료가 묵고 있는 객실을 펜트하우스로 업그레이드해 달라는 것
이었다. 지배인은 늘 일어나는 일이라는 식으로 대수롭지 않게 매뉴
얼을 읽듯이 내게 답했다. 그는 이런 일로 값비싼 펜트하우스를 내
어준 전례가 없고, 그나마 본인들의 잘못이 있으니 해양 스포츠 바
우처로만 대신할 수 있다고 했다. 하지만 나는 관리 책임자로서 호
텔 측의 불성실한 태도와 우리가 느꼈던 공포에 대한 대가를 받아야
할 책임이 있다고 생각했다. 그래야 짧은 기간이지만 합당한 보상을
받는 것이라고 여겼다. "괌은 미국령으로서 총기 소지가 가능한 곳
이고, 어젯밤에 자고 있던 여자 손님이 우리를 향해 총을 쏴도 문제
가 없는 상황이었다. 오늘 이후 우리 회사가 단체로 머물기로 되어
있고, 나는 안전 책임자로서 여러 준비 과정을 점검하러 온 선발대
인데, 우리 직원 50명의 안전에 관해 어젯밤 일로 확신할 수 없게 되
었다. 이에 대한 보상이 필요하다." 결국, 지배인은 내 말에 수긍했
고, 나와 내 동료는 펜트하우스에서 3일을 보낼 수 있었다. 물론, 이
후 워크숍 일정도 사고 없이 잘 진행되었다.

　사람들은 대개 자신만의 상황을 고려해 설득하려고 한다. 하지만
이걸로는 상대방이 흔들리지 않는다. 상대방이 수용할 수 있는 명분
을 만들어, 그 명분을 주고 설득하는 것이 훨씬 효과적이다. 지배인
의 관점에서, 내가 단체 책임자로서 사건을 문제 삼게 되면 복잡해

질 수 있었고, 대신에 빈 객실을 활용해 문제를 해결하는 방법은 그리 어렵지 않은 요구였다.

영화 〈라스트 모히칸The Last Of The Mohicans〉에는 이런 장면이 있다. 극 중 영국군은 프랑스군에 의해 요새가 포위되어 함락 직전 상황에 몰린다. 이때 프랑스군 지휘관은 영국군 지휘관에게 항복을 설득한다. 어차피 시간의 문제일 뿐 영국군은 몰살당할 운명 앞에 서 있다. 영국군 지휘관은 잠시 갈등하지만, 싸우지 않고 항복한다면 살아남아도 사는 게 아닌 불명예스러운 상황이라 결사 항전의 뜻을 전해온다. 그때 프랑스군 사령관은 "항복할 필요도 없고, 무기를 가지고 떠날 수도, 부대 깃발을 앞세우고 요새를 떠날 수 있게 하겠다"고 전한다. 항복이 아닌 철수로 성격을 바꾼 것이다. 그러자 영국군은 명예를 지켜내며 요새를 비운다. 이렇듯 협상의 본질은 한결같다. 상대방의 처지에서 생각해, 나와 상대 모두 실리를 취하고, 더욱이 상대방이 명분까지 얻을 수 있도록 길을 열어주는 것이다.

둘째, 숫자를 섞어야 한다. 수치가 포함될 때 상대가 근거를 더 신뢰할 수 있고, 무엇보다 설득 논리를 훨씬 더 도드라지게 하는 효과가 있다. 예를 들어, 상대가 본사와 협의해야 한다고 말한다. "본사가 이곳 사정을 제대로 알겠어요? 우리끼리 결정하시죠" 식의 말 대신에 "1만 5,000마일 밖에 있는 본사가 상황을 제대로 파악할 수 있습니까? 현지 사정에 밝은 우리가 함께 결정해야죠"라는 맥락은 같지만, 다른 말로 바꿔 표현하는 것이다. '멀리 떨어진 본사'라는 생각을 강하게 해주는 것이 바로 '1만 5,000마일 밖'이라는 수치가 주는 힘이다.

여기서 말하는 수치는 일반적인 수치, 예를 들어 성장률이 "30퍼센트가 넘어요"와 같은 수치뿐만 아니라 수치로 할 수 있는 강조와 과장까지도 포함된다. 지금 상황에서 그리 중요하지 않은 이슈는 나중에 다시 논의하자는 말을 하고 싶다면, "지금 이 건은 우선순위 300위쯤 됩니다. 일단 다른 건을 먼저 진행하시는 게 좋겠습니다." 이렇게 말하면, 당장 중요하지 않은 건이라는 생각을 갖게 할 수 있다.

셋째, 체감할 수 있는 구체적이며 단호한 언어를 써야 한다. 캐나다 북부의 한 에너지 절약 단체가 혹한을 앞두고 대대적인 캠페인을 진행한 적이 있다. 이 단체는 각기 A와 B 두 주택 그룹을 상대로 다른 문구로 에너지 절약 효과를 실험했다. A그룹에는 "에너지 절약을 위해 문틈을 막아주세요"로 표기했고, 다른 B그룹에는 "당신의 집 창문 틈새로 당신의 소중한 1달러가 매일 새어나가고 있습니다"로

표기했다. 캠페인이 진행된 6개월
후 결과는 놀라웠다. A그룹보다 B
그룹에서 70퍼센트 이상 더 높은
참여율을 기록한 것이다. 즉, 구체
적인 숫자에 주택 소유자들이 민

상대방의 마음을 흔들기 위해서는 체감할 수 있는 구체적이며 단호한 언어를 써야 한다. "아마 그럴 겁니다"와 같은 표현 대신에 "네, 그렇습니다"와 같은 단정적인 표현을 써야 한다.

감하게 반응했고, 살아 있는 언어로 수용한 것이다. 이처럼 체감할
수 있는 비유는 설득력의 큰 요소가 된다.

여기에, 추측의 표현보다는 단정적인 표현이 좋다. "아마, 그럴 겁
니다"라는 표현은 좋은 표현이 아니다. 그 대신 "네, 그렇습니다"라
는 표현이 상대방에게 훨씬 신뢰감을 높인다. 상대방의 마음을 흔들
어야 하는 상황에서 자신 없는 표현을 쓰면 상대가 흔들리지 않는
다. 특히, '같아요'와 같은 맺음말은 설득할 때 쓰지 말아야 할 표현
이다.

마지막으로, '진심'이 빠지면 모든 게 사라진다. 스포츠 에이전트
를 다룬 화제작 〈제리 맥과이어 Jerry Maguire〉라는 영화가 있다. 극 중 미
식축구 선수 에이전트로 분한 톰 크루즈는 자신의 선수와 말다툼을
하다가 이런 말을 한다. "내가 널 제대로 도울 수 있게 제발 나 좀 도
와줘!" 광고주를 대하며 느꼈던 감정을 저 대사를 하나로 표현할 수

**"내가 널 제대로 도울 수 있게 제발 나 좀 도
와줘!" 광고주를 대하며 느꼈던 감정을 저
대사를 하나로 표현할 수 있는 것을 보고 감
탄할 수밖에 없었다.**

있는 것을 보고 감탄할 수밖에 없
었다. 광고주를 설득하는 일은 광
고를 제작할 때 특히 많이 발생한
다. 가장 좋은 안으로 결정할 수
있도록, 가장 좋은 CF 감독과 촬영할 수 있도록, 가장 좋은 마케팅
계획을 실행할 수 있도록, 성공적인 광고 효과가 나올 때까지 광고
주를 설득해야 했다. 나는 늘, 나의 제안과 설득이 광고주와 우리 회
사 모두에게 도움이 되는 것이라고 믿었고 진심으로 설득했다. 내가
대행사로서 역할을 잘 해낼 수 있도록, 좋은 광고를 만들 수 있도록
도와달라고 부탁하곤 했다. 내게 익숙한 광고주는 '또 그런다'는 표
정으로 듣다가도, 어느 순간이 되면 "그래요, 대신 이번 한 번만입니
다"라며 내 제안을 승낙해주곤 했다. 상대의 눈을 바라보며, 예의 바
르고 확신에 찬 말투로 당신과 당신의 회사를 위해서 이렇게까지 한
다는 사람의 설득을 거절하기란 쉽지 않다.

설득은 상대방의 마음을 흔들고 내가 원하는 방향으로 그 마음이
움직이게 만드는 일이다. 이밖에도 상대방의 마음을 흔드는 방법은
많다. 어찌 보면, 내가 말한 것들은 설득의 아주 작은 부분일 수 있
다. 하지만 어느 순간에서든 상대방의 처지에서 고려해야 한다는 점

만큼은 반드시 기억해주길 바란다. 무엇이 이 사람의 마음을 흔들리게 할 수 있는지를 생각하고, 그것을 파악했다면 진심을 담아 설득해야 한다. 내가 체득한 가장 중요한 설득의 비법이었다.

당신은
'잘되었으면 하는 사람'인가

요즘 쓰는 말 중에 가성비價性比라는 말이 있다. 원래 의미는 '가격 대비 성능비' 정도로, 말 그대로 싼값에 질 좋은 제품을 샀을 때 '가성비 좋은 제품을 샀다'라고 말한다. 브랜드 이름값이라는 거품을 빼고 품질 좋은 제품을 판매한 것이니, 소비자의 입장에서는 좋은 제품을 잘 산 것이다. 그런데 달리 생각해보면, 제조사의 입장에서는 그리 현명한 판매 방식은 아니다. 이름값이, 브랜드 가치가 좀 더 있었다면 더 비싸게 팔 수 있었기 때문이다. 즉, 하나의 제품에 더 많은 가치를 담아내지 못했다는 말도 성립한다.

그런 면에서 보면, 개인은 가성비 높은 사람보다 부가가치가 높은 사람이 되는 것이 좋다. 또 부가가치를 만들어낼 수 있느냐 여부가 그 일을 지속할 수 있는지를 가르는 척도가 되기도 한다. 부가가치의 사전적 의미는 매출액에서 매입액을 뺀 금액, 즉 원재료로 만들어 낸 가치다. 예를 들어, 빵 하나를 만드는 데 밀가루(300원), 소금(100원), 설탕(100원), 물(50원)이 필요해서 원료비 550원이 들었고, 내가 이 빵을 1,000원에 판다면 나는 550원의 원료로 빵을 만들어 1,000원에 팔아서 450원의 부가가치를 창출한 셈이다. 그러면 개인의 부가가치를 평가할 때도 이런 기준으로 평가될까?

평소 야구를 좋아하거나 아는 분이라면 한 번쯤 들어봤을 야구 용어가 있다. 타율과 평균자책점처럼 과거부터 오랜 시간 야구 통계로 사용되던 클래식 지표classic stats가 있고, 근래 들어 게임이론과 통계학 등을 활용해 등장한 세이버메트릭스sabermetrics가 있다. 세이버메트릭스 중에서 흔히 'WARWins Above Replacement'이라는 불리는 지표가 있다. 우리말로 하면 '대체 수준 대비 승리 기여' 정도로 번역되는, 선수가 팀 승리에 얼마나 공헌했는가를 나타내는 종합적인 성격의 지표다. 최근 들어 세이버메트릭스가 주목받게 된 이유는 간단하다. 같은 안타를 쳐도 팀 승리를 위한 결정적인 안타일 수 있고, 또 어떤 안타는

한 개의 1루타와 홈런이 다르고, 주자가 있을 때 안타와 주자가 없을 때 안타가 다르며, 승부가 이미 기울었을 때 나오는 안타와 상황을 뒤집는 역전타의 가치가 같지 않다.

상대적으로 덜 중요한 안타일 수 있기 때문이다(투수, 수비수도 마찬가지 기준이 있다). 예를 들어, 한 개의 1루타와 홈런이 다르고, 주자가 있을 때 안타와 주자가 없을 때 안타가 다르며, 승부가 이미 기울었을 때 나오는 안타와 상황을 뒤집는 역전타의 가치가 같지 않다. 하지만 클래식 지표로서 타율은 모든 안타를 같은 가치로 평가한다. 한마디로 세이버메트릭스가 강조되는 이유는 팀이 필요로 할 때 제대로 해주는 플레이에 가중치를 두기 위한 것이다.

직장생활에서도 마찬가지다. 회사가 정말 필요로 하는 그때 그 자리에서 그 역할을 해내는 사람이 높은 평가를 받는다. 과거부터 줄곧 잘되던 부서에 속해서 내는 성과와 신사업 부서에 속해서 내는 성과의 부가가치는 다르다. 좋은 상황에서 내는 성과와 위기의 상황에서 내는 성과도 다르다. 현실의 직장을 생각해보면 모순적으로 보일 수 있다. 직장인이 이 절체절명의 상황과 기회를 스스로 만들 수도 없거니와 또한 이때 성과를 낸다는 보장도 없기 때문이다. 하지만 있다. 당장은 아니더라도 훗날 그 중요한 타석에서 나서 만루홈런을 칠 기회를 만드는 것이다. 그 기회는 무엇으로 만들어질까?

결론부터 말하면, 긍정적인 태도다. 일과 동료를 대하는 태도가 긍정적인 사람은 언제나 특별하다. 모든 일에 부지런하고, 싱긋

과거부터 줄곧 잘되던 부서에 속해서 내는 성과와 신사업 부서에 속해서 내는 성과의 부가가치는 다르다. 좋은 상황에서 내는 성과와 위기의 상황에서 내는 성과도 다르다.

웃는 얼굴로 회사 전체를 긍정적으로 이끈다. 이런 사람이 있고 없고는 회사에 엄청난 차이를 만들어낸다. 당장 눈에 띄는 성과와 관계없을 수 있지만, 회사와 동료들이 인정하는 '잘되었으면 하는 직원'이 되면 남들은 좀처럼 얻기 힘든 기회를 얻게 되고, 그 과정에서 성장할 시간을 얻게 된다.

일반적인 생각과 달리, 큰 회사들은 대개 일반 직원의 매출 성과에 관해서 비교적 관대하다. 개인 성과가 아무 의미가 없다고 여기는 것이 아니라, 현재의 성과가 중간관리자의 역량에 의해 크게 좌우된다고 여기기 때문이다. 그래서 신입사원을 비롯한 일반 직원들에게 강조하는 것은 업무 역량보다, 일을 대하는 태도나 조직 내에서의 숨은 역할에 더 많은 가중치를 둔다. 회사나 팀 조직을 위한 찰흙이 되거나 몰타르와 같은 숨은 역할을 해내는 사람을 더 높게 평가하는 것이다. 그런 직원은 단단하고 중요한 구조물이 되어 조직이 지탱할 수 있게 해준다. 찰흙은 처음에는 부드럽고 찰지지만, 마르고 시간이 지나면서 돌만큼 단단해진다. 즉, 보이지 않는 영역에서 남들이 잘 하지 않

찰흙은 처음에는 부드럽고 찰지지만, 마르고 시간이 지나면서 돌만큼 단단해진다. 즉, 보이지 않는 영역에서 남들이 잘 하지 않는 역할을 해내면서도, 묵묵히 때를 기다릴 줄 아는 잠재성을 부가가치로 본다.

는 역할을 해내면서도, 묵묵히 때를 기다릴 줄 아는 잠재성을 부가가치로 보는 것이다.

대리 시절의 일이다. 제주도 촬영이 예정되어 장소 섭외를 위해 제작팀 팀장님과 먼저 제주도에 내려가게 되었다. 이틀 동안 제주도를 돌아다니면서 장소를 물색해야 했고, 두 곳을 계약할 수 있었다. 그중 한 곳은 신라호텔 야외 수영장이었다. 그런데 촬영 전날 팀장님과 광고주 두 명이 제주도에 도착해 함께 일식집에서 식사하려는 참에 신라호텔에서 전화가 왔다. 예정되었던 수영장을 사용할 수 없다는 얘기였다. 나는 그 길로 부리나케 택시를 타고 신라호텔로 향했다. 사연을 들어보니, 며칠 뒤 중국 부총리가 신라호텔에 머물게 되면서 중국 경호팀이 수영장 사용에 제동을 걸었다고 했다. 하지만 나는 있는 이유, 없는 이유를 모두 찾아서 따지며 호텔 측과 경호팀을 설득했고, 아주 어렵사리 촬영허가를 받아서 돌아올 수 있었다. 일식당에 도착했을 때, 이미 다금바리회는 사라졌고 매운탕만 남아 있었다. 왜 이리 오래 걸렸냐고 말하는 술 취한 팀장님의 핀잔을 들으며 식은 매운탕에 공깃밥으로 저녁을 때워야 했다. 특별히 내가 잘했다는 게 아니라, 이게 일하는 사람의 역할이고 운명이라는 말이 다. 나는 그 촬영의 담당자였고, 촬영지를 섭외한 책임자로서 반드시 일을 해결해야 했다. 한 시간이 넘는 시간 동안 떼를 쓰기도 협박도 하면서 설득하는 일은 나의 일이었다. 그러고는 결국 해냈고 무사히 촬영을 잘 마쳤다.

기회를 주고 싶은 사람, 실패해도 격려해주고 싶은 사람, 역량이 부족해도 노력으로 채우려고 하는 사람, 동료는 물론 상사와 항상 열린 마음으로 대화하려는 사람. 당신은 그런 부가가치를 가진 사람인가?

부가가치는 생각하기에 따라 아주 단순하다. 사람들은 특별한 업무 능력을 떠올리지만, 일과 사람에 대한 열정 담긴 태도보다 더한 부가가치는 없다. 기회를 주고 싶은 사람, 실패해도 격려해주고 싶은 사람, 역량이 부족해도 노력으로 채우려고 하는 사람, 동료는 물론 상사와 항상 열린 마음으로 대화하려는 사람. 당신은 그런 부가가치를 가진 사람인가? 매사 해내고자 하는 열정 어린 태도는 반드시 내가 한 것 이상으로 되돌아온다.

제4의 감각

4th Sense

세상을
해석하는
천 개의
방법

너무 당연하고 흔해서 놓치는 것들이 있다. 화사한 봄날, 출근길에 보이는 많은 아름답고 의미 있는 피사체들이 있다. 일상에 바쁜 우리의 눈은 그걸 스쳐 지나친다. 이걸 뷰파인더로 보고 사진을 찍는다. 사람에 대한 관찰, 감정의 변화를 알아채는 관찰력이 생긴다. 우리 삶을 잠시나마 일상 밖으로 꺼내어 보면 인생을 객관화시키는 데도 도움이 된다.

인문의 맛,
결국 사람으로
돌아간다

내게는 두 아이가 있는데, 아이들 모두 대안학교에 보냈다. 살면서 내린 큰 결정 중의 하나였지만 후회하지 않는 결정이기도 하다. 물론 아이들이 원하지 않았다면, 그렇게 하지 않았을 것이다. 나는 내가 시달렸던 유년의 생활과 다르게 아이들만큼은 즐겁게 학교생활을 보내고, 열려 있는 다른 성장 토양에서 자라길 바랐다. 내 세대와 마찬가지로 나는 대한민국의 평균과 표준으로 학교생활을 했다. 남중, 남고는 기본에, 고1 시절부터 밤 11시쯤 끝나는 야간자율학습을 하고, 사회가 바라는 그런 '모범' 학생의 모습으로 성장했다. 내가 할

학교 다니는 아이들의 하루하루가 행복하길 바라는 마음으로, 학교 다닐 때 나중의 행복을 위해 오늘을 저당 잡히지 않길 바라는 마음으로 대안학교를 결정했다.

수 있는 최선의 일탈을 해보고 딴짓도 안 한 건 아니었지만, 부모님과 학교가 원하는 공부에 집중하려 했고, 다들 치러야 하는 시험을 통해 괜찮은 학교, 괜찮은 전공으로 학부와 대학원을 마쳤고, 또 괜찮은 회사에 입사해서 지금의 내가 되었다. 내 나이를 생각한다면, 나는 좋은 성취를 이뤄낸 사람이다.

하지만 뒤집어 생각해보면, 내 아이들이 틀에 박힌 학교생활을 보낸다면, '잘해봐야 나' 정도 되겠다 싶었다. 그래서 나보다 더 많은 것들을 경험할 기회를 가질 수 있고, 더 넉넉한 그릇의 사람으로 아이들이 컸으면 했다. 학교 다니는 아이들의 하루하루가 행복하길 바라는 마음으로, 학교 다닐 때 나중의 행복을 위해 오늘을 저당 잡히지 않길 바라는 마음으로 대안학교를 결정했다.

입학을 위해서는 학부모 인터뷰를 3시간 정도 했는데 그때 학교에 바라는 점에 대해 나는 딱 두 가지만 말씀드렸다. 행복하게 생활하되, 인문적 소양을 길렀으면 좋겠다고. 아이들이 이후 문과를 선택하든 이과를 선택하든, 철학, 인문학에 기반한 지혜를 얻기를 바랐다. 다행히 학교는 내 바람대로 아이들에게 인문학이란 뿌리를 내려주었다.

사실, 내 학창시절만 해도 인문학에 대한 세간의 인식은 '굶어 죽기 딱 좋은 학문'으로 여겨졌었다. 그렇다 보니 공부 좀 한다는 친구들이라면 이과는 의대로, 문과는 법대로 가는 것이 성공적인 진학의 표준이었다. 이른바 '문사철(문학, 역사, 철학 전공)'로의 진학은 대학 간판을 취득하기 위한 수단으로 여겨지기도 했다. 당시 문과였던 나는, 그나마 '외무고시' 지원이 가능한 정치외교학과로 진학했는데, 이는 당시 분위기로 보면 나쁘지 않은 선택이었다. 또 처음 진학 목적에 맞게 대학원 진학 후에도 국제정치경제학 전공을 선택했다. 그러다가 뜬금없이 광고 일을 시작하게 된 것이다. 광고 일을 시작하면서 '문사철'에 관한 뿌리 깊은 내 편견을 바꾸지 않으면 안 되는 상황에 맞닥뜨렸다. 막상 광고 일을 해보니, 생각의 깊이나 사고의 유연함에서 참 많이 힘들 수밖에 없던 것이다. 상품을 파악하고, 마케팅을 기술적으로 배워도, 남과 다른 깊이와 다른 시선을 가지려면 그것만으로는 턱도 없었다. 한계를 느낀 후 나는 고전이라는 고전은 기회가 되는 때마다 접하려고 노력했다. 심지어 입시생들을 위한 '서울대 추천 고전'들을 찾아 읽기도 했다. 그렇게 한 몇 년이 지나자 인문학은 내게 생각의 다양

**달리는 자전거가 멈춰서면 곧 쓰러질 것 같
아 페달을 계속 밟아야 했던 내 인생에도, 쉼
이라는 여백의 공간이 찾아왔다.**

성, 광고에 관한 다른 시선, 충만
한 감성이라는 보석 같은 선물을
주었다. 이미 출간된 지 오래된
시집과 철학서, 역사서가 훌륭한 레퍼런스가 되어 되돌아왔다. 그러
한 실익뿐 아니라, 일상이 즐거워지기까지 했다. 달리는 자전거가 멈
춰서면 곧 쓰러질 것 같아 페달을 계속 밟아야 했던 내 인생에도, 쉼
이라는 여백의 공간이 찾아왔다. 그리고 그 여백이 내일 더 강하게
달릴 수 있게 한 에너지가 되었고 말이다. 그렇게 나는 인문학의 전
도사를 자처하게 되었다. 직장 후배들, 대학 선후배들, 강연을 듣는
사람들, 혹은 학부모들을 만나면 꼭 고전 읽기를 권해왔고, 지금도
그렇다. 나이가 많고 적은 것은 전혀 문제가 되지 않는다.

SM3 자동차 광고할 때의 일이다. 뉴 SM3가 출시되었는데, 차량
에 여러 변화가 있었지만 가장 눈에 띄는 변화는 차체가 르노의 플
랫폼을 가져오면서 커진 것이었다. 당시 강력한 경쟁 차종이자 최고
의 강자였던 아반떼 대비 9센티미터 정도가 컸으니 준중형 자동차
로는 제법 큰 차체였다. 실내도 당연히 커졌는데 특히 뒷좌석 공간
이 많이 넓어졌다. 커진 차체, 더 넓어진 뒷좌석 공간으로 인해 준중
형이지만 패밀리카로도 손색 없었다. 광고 전략을 놓고 많은 고민을

했다. 어떻게 하면 커진 차체, 넓어진 공간을 가지고 뾰족하게 전략을 짤 수 있을까? 당시 담당 CD를 포함해 국장이었던 나는 물론이고, 사장님까지 참여해 회의에

오랜 고민 끝에 나온 콘셉트는 자동차 광고에 어울리지 않는 '평등'이었다. 최소한 사람이 태어난다는 것만큼은 평등하다. 하지만 태어난 순간부터는 불평등한 조건과 상황에 놓이게 되어 생을 살다가, 결국 다시 죽을 때 평등해진다.

회의를 거듭했다. 그런데 나오는 아이디어가 흥미롭기는 했지만, 뻔했다. 그렇게 오랜 고민 끝에 나온 콘셉트는 자동차 광고에 어울리지 않는 '평등'이었다. 최소한 사람이 태어난다는 것만큼은 평등하다. 하지만 태어난 순간부터는 불평등한 조건과 상황에 놓이게 되어 생을 살다가, 결국 다시 죽을 때 평등해진다. SM3는 불평등한 삶 속에서, 적어도 뒷좌석만큼은 누구나 프리미엄을 누릴 수 있도록, 뒷좌석을 넓고 편하게 만들었다는 콘셉트를 확정했다.

 티저 영상은 이랬다. 남자들의 샤워 부스를 보여준다. 여러 명의 남자가 샤워하는 뒷모습을 비쳐준다. 카피는 이렇게 결정했다. "이 중 3,000cc를 타는 사람과 그렇지 않은 사람을 구분할 수 있습니까? 누구나 프리미엄을 누릴 수 있도록, SM3." 본 광고는 더 적극적이었다. 대형 수입 세단 뒷좌석에 앉아 있는 사장님과 SM3 뒷좌석에 앉아 있는 꼬마 아이가 같은 선상에서 서로 처다보는 장면을 연출했다. 카피는 "세상은 평등하다. 누구나 프리미엄을 누릴 수 있도록,

광고가 반드시 철학적일 필요는 없지만, 그 생각의 바탕에 철학적 성찰이 있어야 한다고 믿는다. 그 철학이 공감을 얻고 사회적 반향이 있다면 더 좋겠고 말이다.

SM3."광고는 반향이 컸다. 준중형 차종에 평등이라는 이질적인 가치가 등장한 것에 사람들은 반응했다. 물론 과하다고 지적한 사람도 있었다. 하지만 충분한 울림과 반향을 끌어낸 광고로 자리 잡았다. 나는 주로 이런 접근을 즐긴다. '9센티로 넓어지는 세상' 같은 아이디어가 정말 싫었다. 광고가 반드시 철학적일 필요는 없지만, 그 생각의 바탕에 철학적 성찰이 있어야 한다고 믿었다. 그 철학이 공감을 얻고 사회적 반향이 있다면 더 좋겠다고 생각했고 말이다.

오늘날 세상은 다양하고 수많은 기술과 생각이 교차해 존재한다. 하지만 정말 중요한 가치는 변하지 않는다. 행복, 사랑, 존경, 건강, 성취감, 자유 같은 가치들은 고대나 지금이나 별반 다르지 않다. 그리고 앞으로도 변하지 않을 것이다. 돈이 절대적인 권력의 지위에 놓여도, 이 가치들은 절대 떨어지지 않는다. 돈을 가져도 인간은 태어나면 언젠가는 죽게 되는 불변의 명제 아래 예속된다. 누구나 사랑이 그립고, 건강하기를 원하고, 슬플 때 나눌 사람이 필요하다. 인문학은 우리에게, 무엇이 진정한 인생의 가치이고 또 매일 어떤 것을 목표하고 어떻게 살아가야 하는지를 알려주는 길잡이 역할을 한다.

내가 존경하는 광고계 선배 중에 박웅현 대표가 있다. 개인적인 일면식이 있는 것은 아니지만, 박웅현 대표의 광고를 참 좋아했

밥을 천천히 잘 씹으면 밥에서 단맛이 난다. 그 단맛을 느끼면 잘 익은 김치 반찬 하나여도, 정말 기분이 좋고 성찬 같은 한 끼를 즐길 수 있다.

고, 그분이 쓰신 여러 인문에 관한 다양한 저서들은 내가 주변의 많은 사람에게 권하고 선물했던 훌륭한 책들이다. 누군가 나를 인문학 따라쟁이라 불러도 괜찮다. 그만큼 오늘날을 살아가는 사람들에게 인문적 소양은 중요한 삶의 토대가 된다. 오늘, 이 시간 수많은 직장인이 효율과 실적, 시간의 제약을 이유로 하루하루 지나치는 행복의 가치를 그냥 스쳐 보내는 것은 아닌지 곱씹었으면 한다. 가깝게는 일을 잘 해낼 수 있는 방법이기도 하고, 멀게는 잘 살기 위한 지름길이다. 밥을 천천히 잘 씹으면 밥에서 단맛이 난다. 그 단맛을 느끼면 잘 익은 김치 반찬 하나여도, 정말 기분이 좋고 성찬 같은 한 끼를 즐길 수 있다. 우리는 그 밥을 매일 먹으면서도 그냥 입에 넣고 몇 번 씹기도 전에 넘기는, 한 끼 때우기 급급한 식사를 하는 것은 아닌지 되돌아볼 필요가 있다.

'나'라는 사람을
관찰하는 법

미적 감각이 디자인이나 예술 분야에 국한되는 역량으로만 취급되던 시절이 있었다. 하지만 이제는 시각적 아름다움이 제품과 서비스의 완성으로 격상되면서, 아름다움을 만들어내는 역량 못지않게 아름다움을 보고 판단하는 감각도 중요해졌다. 여기에 더해 광고나 마케팅 영역에 영상과 이미지의 서사 구조가 중요해지면서, 제품 디자이너는 물론 기획자, 생산자, 마케터에 이르기까지 모든 구성원이 미적 감각 없이 제대로 일을 해내기 어려운 상황에 놓이게 된 것이다.

그렇다 보니 광고 일을 업으로 삼았던 내게 사람들은 미적 감각을 키울 방법에 관해 질문을 해오는 경우가 많다. 사실 그런 질문을 받을 때마다 그분들께 내가 드리는 조언은 한결같다. 우선 미술 작품이든, 영상이든 무엇이든 많이 보려고 노력하고, 내가 하는 일에 비추어 적용할 수 있는 것이 무엇인지 고민하라는 것이다. 그러다 보면, 아름다움에 대한 이해가 높아지게 된다. 비슷한 취지로 내가 추천하는 취미가 바로 사진 찍기다.

사진 찍기는 아름다움에 대한 감각을 다듬는 것 외에도 사물을 보는 시각을 달리 가져볼 수 있는 훈련을 할 때 도움이 되는 취미다. 과거에는 값비싼 장비가 필요했지만, 이제는 전 국민이 가진 스마트폰 하나면 고해상도의 사진 찍기가 가능해졌다. 사진에 큰 욕심이 생길 때쯤이면 장비라 칭할 만한 카메라가 필요할 수 있겠지만, 초보자라면 스마트폰만으로도 충분하다. 꼭 자연과 음식을 배경으로 삼을 필요도 없다. 개인적인 관심사나 하는 일에 맞게 주제를 잡고 인스타그램이나 페이스북에 공유하면, 동기부여 측면에서도 유용하다. 이렇게 사진을 계속 찍다 보면 몇 가지 좋은 점이 생긴다.

우선, 구도를 배울 수 있다. 구도는 사진의 절반이다. 좋은 구도가 좋은 사진을 만든다. 이 구도

사진 찍기는 아름다움에 대한 감각을 다듬는 것 외에도 사물을 보는 시각을 달리 가져볼 수 있는 훈련을 할 때 도움이 되는 취미다.

라는 게 비단 사진에만 해당하는 건 아니다. PPT를 만들 때, 관련 이미지를 활용할 때, 제품 광고 이미지 제작과 같은 다양한 업무에 상당히 도움이 된다. 사적으로는 인테리어를 할 때도, 가구 배치를 할 때도, 심지어 옷을 맞춰 입을 때도, 미적 기준과 소양이 필요한 모든 영역에서 한 단계 발전할 수 있다. 사진 구도에 관한 책들도 좋지만, 유튜브를 활용하거나 핀터레스트^{Pinterest} 같은 사진 기반 소셜미디어를 통해 다른 사람의 사진을 보는 것도 좋은 방법이다.

두 번째로는, 사물과 사람을 보는 시선이 확장된다. 내 경우에는 30대 후반에 사진을 시작했는데, 왜 좀 더 빨리 배우지 않았을까 싶은 아쉬움을 느끼곤 했다. 이유는 주변 사물을 바라보는 시각 자체가 달라진 걸 느꼈기 때문이다. 뷰파인더를 통해 보이는 세상은 우리가 평소에 보는 세상과 다르다. 사진을 찍게 되면 무심히 넘겼던 대상에 의미가 부여되고, 이야기가 담기게 된다. 굳이 그런 의도로 사진을 찍으려 하지 않아도, 자연스럽게 그렇게 의미가 만들어진다. 나는 그때그때 주제를 정해서 찍는 것을 좋아하는데, 하나의 주제를 가지고 다양한 연작을 찍는다. 예쁘게 찍어야 하는 인물 사진은 그리 잘 찍는 편이 못 된다. 사진이 취미라는 걸 아는 지인들이 가끔

사진을 찍기 시작하면, 사물과 사람을 보는 시선이 확장된다. 내 경우에는 30대 후반에 사진을 시작했는데, 왜 좀 더 빨리 배우지 않았을까 싶은 아쉬움을 느끼곤 했다.

사진을 찍어달라고 부탁하곤 하
는데, 인물 사진이 부담돼 정중히
거절한다. 예쁘게 사진 찍을 자신
이 없어서다. 잘 안 찍지만 가깝
게 지내는 어르신들 사진은 가끔

문득 문 반대쪽이 궁금해졌다. 문을 찍을 때 누군가가 그 문을 열어주길 바라는 마음으로 다양한 문을 찍었고, 열리는 문 하나를 찍기 위해 두 시간을 기다리기도 했다. 조마조마했던 그 시간이 좋았다.

찍는다. 사연 많은 인생이 담긴 깊은 주름만큼 애틋한 감정을 자아
내는 게 또 있을까 싶어서다. 이 사진들은 예쁘지는 않지만, 마음을
울리는 감동이 있다.

　나는 평소 두 개의 주제를 가지고 연작 사진을 찍는다. 하나는 문
이고, 다른 하나는 손이다. 언제부터인가 문이 안과 밖, 나가는 것과
들어오는 것, 서로 다른 두 우주가 만나는 순간이고 접점으로 느껴
졌다. 그러고는 문 반대쪽이 궁금해졌다. 문을 찍을 때 누군가가 그
문을 열어주길 바라는 마음으로 다양한 문을 찍었고, 열리는 문 하
나를 찍기 위해 두 시간을 기다리기도 했다. 조마조마했던 그 시간
이 좋았다. 그리고 손은, 사람의 여러 감정을 손을 통해 나타내고 싶
었다. 놀이 공원에서 유모차를 미는 아빠의 손, 연인의 허리를 부러
질 듯이 강하게 안아 올리는 손, 공원에서 지팡이를 잡고 멍하니 앉
아 이제는 세상의 구경꾼인 것처럼 보고 있는 할아버지의 손 등 다
양한 손을 찍었다. 이렇게 사진을 찍다 보니, 나만의 해석이 생겼고

평일에 찾은 외국의 어느 낯선 도시에서 모든 이들이 바삐 움직일 때 나 혼자만 정지화면 속에 있는 것처럼, 잠시나마 인생의 의미를 반추할 수 있다.

사진에 의미가 담겼다. 이 시선은 내가 광고 마케팅을 하는 동안 다른 관점과 해석을 위한 원천이자 힘이 되어주었다.

사진이 주는 또 하나의 혜택은 관찰력을 키워준다는 점이다. 너무 당연하고 흔해서 놓치는 많은 가치 있는 것들이 있다. 화사한 봄날, 출근길에 보이는 아름답고 의미 있는 피사체들이 있다. 일상에 바쁜 우리의 눈은 그걸 스쳐 지나친다. 이걸 뷰파인더로 보고 사진을 찍는다. 사람에 대한 관찰, 감정의 변화를 알아채는 관찰력이 생긴다. 우리 삶을 잠시나마 일상 밖으로 꺼내어 보면 내 인생을 객관화시키는 데도 도움이 된다. 평일에 찾은 외국의 어느 낯선 도시에서 모든 이들이 바삐 움직일 때 나 혼자만 정지화면 속에 있는 것처럼, 잠시나마 인생의 의미를 반추할 수 있다. 감히 일상 밖으로 꺼낼 생각조차 없었던 나라는 사람을 관찰하게 되는 것이다.

사진은 이것들 말고도 다른 좋은 점이 많다. 딱히 많은 체력을 요구하지도 않고, 좋은 걸 보려고 노력하게 하며, 사물을 기다릴 줄 알게도 해준다. 그래서 취미 때문에 부부가 싸울 일도 별로 없다. 꼭 무언가 거창하게 벌일 필요도 없다. 앞에서 말한 것들을 목표로 하지 않아도 된다. 사진은 그 자체로 재미가 되고, 좋은 취미가 된다. 꼭 예술이 아니라면 어떤가? 세상을 해석하는 방법은 천 가지가 넘는다.

나는 그렇게
골프 예찬론자가
되었다

나는 골프를 남보다 일찍 시작했다. 1997년도였으니, 입사 2년 차에 골프를 시작했다. 아주 우연한 기회에 시작한 골프였는데, 그때는 이를 두고 이런저런 말이 꽤 많았다. 그 당시 골프는 나이 지긋한 임원들이나 하는 운동이었고, 회사에서도 국장급 정도나 막 시작하는 운동이었다. 일반 회사로 따지면 부장님들이 시작하고 임원들이 즐기던, 그런 분위기였다. 골프를 시작하고 나서 얼마 안 되었을 때 모시던 국장님이 뒤따라 골프를 시작하셨다. 상황이 그렇다 보니 국장님은 연습장이나 라운딩에 함께 갈 사람이 필요했거니와, 회사 내 경쟁자였던 다른 국장님들에게 초보로서의 모습을 보여주기 싫어했던 터라, 나를 데리고 연습장과 라운딩에 함께하기를 원했다. 보수적인 사내 분위기 탓에, 신입사원이 건방지게 임원들과 골프나 치러 다닌 다는 수군거림을 들어야 했다. 윗분이 가자고 하면 아무 말 없이 따라나서야 했던 나로서는 억울하기로 치면 일등이었지만, 어쨌든 다른 중간 간부들의 눈에는 좋게 보이지 않았을 것이다. 그렇지만 결과적으로, 그때 그렇게 골프를 시작하길 무척이나 잘했다고 항상 생각한다.

나는 술을 체질적으로 잘 마시지 못한다. 광고회사, 그것도 광고주를 상대하는 역할을 해내야 하는 AE가 술을 잘 못 마신다는 것은 그 자체로 엄청난 결함이다. 그래서 술 대신에 다른 걸 잘해야 했다. 골프는 술 접대를 대체할 나만의 무기로 시작한 운동이다. 처음부터 남들보다 골프를 빨리 배우면 그게 경쟁력이 될 거라고 판단했는데, 그 생각은 정확히 들어맞았다. '골프는 사치'라고 여기는 몇몇 분들이 내게 종종 묻는 질문이 있다. 골프를 꼭 해야 하냐고, 그게 운동이 되냐고, 또 골프 치면 뭐가 좋냐고 묻는다. 이 글은 그 질문

사실 나는 술을 체질적으로 잘 마시지 못한다. 광고회사, 그것도 광고주를 상대하는 역할을 해내야 하는 AE가 술을 잘 못 마신다는 것은 그 자체로 엄청난 핸디캡이다.

에 대한 답인데, 이제 막 사회생활을 시작하는 분들이라면 참고했으면 한다.

먼저, 골프를 반드시 해야 하는지에 대한 질문에 대한 답이다. 결론부터 답하면, 사회생활에 욕심이 있다면 추천한다. 지금보다 더 나아질 욕심, 인간관계의 스펙트럼을 넓힐 욕심, 나이 들어서도 움직일 욕심이 있다면 반드시 골프를 시작하길 권한다. 물론, 그런 욕심이 크지 않다면 굳이 하지 않아도 된다. 또 골프 치지 않으면서도 충분히 잘살 방법은 많다. 운동이 되는지에 관한 질문에 대한 답도 마찬가지로 '그렇다'이다. 골프 자체가 곧 운동이 되는 건 아니다. 골프를 치며 걸으면서 이야기를 하겠다면 보통 6~7킬로미터 정도를 걷게 된다. 한 보가 대략 1야드, 0.9미터임을 고려했을 때 골프를 치면 대략 8,000보 내외를 걷게 된다. 더욱이 골프를 잘 치겠다고 다짐하면 연습도 연습이지만, 골프에 필요한 코어 근육과 유연성을 필수적으로 기르게 된다. 하체 운동, 코어 운동, 스트레칭이 필요하다. 연습장에서 공만 칠 요량이면 운동에 큰 도움이 되지 않지만, 잘 치려고 욕심을 내면 그때부터 충분한 운동이 된다. 이제 마지막 질문인 골프 치게 되면 좋은 점을 말해야 하는데, 사실 내가 골프의 장점에 관

> 지금보다 더 나아질 욕심, 인간관계의 스펙트럼을 넓힐 욕심, 나이 들어서도 움직일 욕심이 있다면 반드시 골프를 시작하길 권한다.

해 진짜 강조하고 싶은 것들이다.

첫째, 타인의 시간을 살 수 있다. 일뿐 아니라 교류 등 여러 측면에서 잘 지내고 싶은 사람과 골프를 하게 되면, 그 사람의 시간을 얻을 수 있다. 예를 들어, 골프 티업이 오전 10시에 예정되어 있다고 가정해보자. 그러면 보통 9시까지 클럽하우스에 도착해서 옷을 갈아입고 간단히 아침을 함께 먹는다. 하지만 그전에, 동반자와 집이 비슷하면 한 차로 가는 경우가 많다. 만약 거래처 임원과 같은 차로 간다고 하면, 대략 7시 반에 만나서 한 차로 골프장으로 이동하게 된다. 차 안에서 둘이 한 시간 혹은 한 시간 반을 이야기하다 보면 1년 동안 업무 미팅하면서 나눴던 것보다 훨씬 다양한 화제로 친밀하게 이야기를 할 수 있다. 10시에 골프가 시작되면 보통 네 시간 반 정도 라운딩을 함께한다. 라운딩 동안 또 많은 이야기를 나누게 되고, 친해질 기회가 꾸준히 주어진다. 라운딩을 마치고 식사하고 귀가하면 대략 6시쯤 되는데, 그러면 결과적으로 아침 7시 반에서 저녁 6시까지 함께 있게 되는 셈이다. 그중 오가며 보내는 세 시간 정도는 온전히 그 사람의 시간을 내가 확보하는 것이다. 골프의 가장 중요한 값어

골프는 타인의 시간을 살 수 있다. 일뿐 아니라 교류 등 여러 측면에서 잘 지내고 싶은 사람과 골프를 하게 되면, 그 사람의 시간을 얻을 수 있다.

치는 상대의 시간을 소유한다는 것이다. 같이 있는 시간이 길다는 것도 중요하지만, 시간의 주목도와 활용도가 다른 시간과 비교가 힘들 정도로 높다.

둘째, 핸디가 권력이다. 이 말은 골프를 잘 칠 때 해당하는 말이다. 골프를 잘 치면 뭐가 좋냐는 질문에 대한 내 답이다. 골프장 밖에서, 골프와 관련이 없는 세상에서의 나와, 골프장 내에서, 골프가 주제인 곳에서의 나는 달라진다. 나는 싱글 핸디캡 골퍼다. 싱글 중에서도 로우 싱글에 해당한다. 점수로 치면 평균 75타 전후를 친다. 골퍼 중에서는 꽤 잘 치는 편이다. 골프를 같이 하는 분 중에는 꽤 저명한 인사들도 있고, 큰 회사를 경영하시는 회장님들도 많이 계신다. 사회적 측면에서 보면 그분들보다는 내가 아쉬운 것이 훨씬 더 많다. 일에서도 나는 그분들의 도움이 필요한 경우가 많고, 그분들의 회사와 거래하는 것만으로도 큰 도움이 된다. 하지만 골프장에서는 다르다. 그분들은 나와 골프를 치고 싶어 하고 내가 초대하기를 고대한다. 아니면, 나를 초대하려고 애를 쓰신다. 그 이유는 간단하다.

그분들은 나와 골프를 치는 것이 본인들의 골프 실력에 도움이 되고, 내게서 골프 팁을 얻을 수 있

핸디는 권력이다. 이 말은 골프를 잘 칠 때 해당하는 말이다. 골프를 잘 치면 뭐가 좋냐는 질문에 대한 내 답이다.

으며, 내 스윙을 보는 것 자체로 "힐링이 된다"고 말씀하기도 한다. 라운딩을 마치면 아쉬워하고 나와의 다음 라운딩을 잡고 싶어

30년 넘게 골프를 친 사람들이 함께 1박 2일로 골프를 치러가려면 밤새도록 골프 얘기만 하게 된다. 지겹지도 않은지 끊임없이 하는 얘기가 골프 얘기다.

한다. 연습을 함께하기를 원하고 내가 가능한 시간에 맞춰서 연습장에 나오시곤 한다. "골프가 잘 안 되거나 잘하고 싶을 때는 신 대표를 찾게 돼요." 언젠가 지인 중 한 분인 유명 외국계 브랜드 한국 법인 대표님께서 내게 한 말씀이다. 골프는 생각보다 잘 치기 쉽지 않다. 그만큼 시간과 비용을 들여 공을 들여야 한다. 하지만 충분히 그가치가 있다. 골프를 안 친다면 모르지만, 치면 잘 쳐야 한다. 또 싱글 골퍼가 되면 재미 삼아 하는 내기 골프를 해도 자연스럽게 딸 확률이 높다. 내가 따는 경우가 대부분인데, 잃은 분도 그렇게 억울해하지 않는다. 이때 딴 돈을 되돌려주거나 캐디 비용을 내면 더 좋은 인상을 남기게 된다. 잘 치면 하나도 버릴 게 없는 나무와 같은 사람이 되는 것이다. 핸디, 권력 맞다.

셋째, 대화가 된다. 물론 잘 치지 못할 수 있다. 아직 '백돌이'일 수 있고, 요즘 표현으로 '골린이' 초보 수준일 수 있다. 그렇다고 해도 골프의 가치가 줄지는 않는다. 이른바, 대화가 되기 때문이다. 골프

를 치는 사람들은 누구나 초보였던 적이 있다. 그래서 골프의 수준과 단계에 따른 공통된 대화 주제가 있다. 거래처 관계자든 회사 동료이든 골프 얘기면 어색함 없이 시간 가는 줄 모른다. 30년 넘게 골프를 친 사람들이 함께 1박 2일로 골프를 치러가면 밤새도록 골프 얘기만 하게 된다. 지겹지도 않은지 끊임없이 하는 얘기가 골프 얘기다. 그리고 골프를 잘 못 쳐도 나름대로 이익이 있다. 이를테면, 상대에게 '훈수를 둘 수 있는' 좋은 구실을 한 가지 주는 것이다. 골퍼들이 가끔 나누는 농담 중에 "골프는 구십돌이가 백돌이를 가르치고, 석 달 된 백돌이가 두 달 된 백돌이를 가르치는 운동이다"라는 말이 있다. 내가 잘 못 치면, 기꺼이 상대에게 나에게 훈수 둘 기쁨을 주는 것이다. 정말 세상 다 얻든 듯 신나서 얘기하는 그 시간 동안은, 상대는 내 편이 된다.

  네째, 관계의 연속성이 있다. 어떤 일로 누군가와 식사를 했다고 생각해보자. 보통 다음 식사 약속을 잡는 경우는 흔치 않다. 잡을 수는 있지만, 식사를 마치면서 "자, 그럼 다음 달 며칠에 식사하실까요?"처럼 다음 시간을 잡지는 않는다. 그런데 골프는 다르다. 오늘 라운드를 마치고 식사하면서 자연스럽게 "복수전 해야죠? 다음 라운드는 언제 할까요?" 하면서 일제히 스마트폰을 꺼내 일정이 담긴 앱을 켜고 약속을 잡는다. 그 모임과 자리에 연속성이 생기고 오늘 혹여 못 한 얘기가 있어도 다음에 할 기회가 생기는 것이다.

술을 잘 마신다고 해서 내가 평소 만나기 힘든 분들이 나를 술자리로 초대하는 경우는 없다. 골프는 내가 만나기 어려운 사람들을 연결해준다.

골프는 이게 참 좋다. 골프를 치다 보면 좋은 사람을 만나게 된다. 그 사람과 자주 만나고 얘기도 하고 싶은데 골프가 아니라면 명분이 애매하고 약속 잡기도 좀 어렵다. 골프는 이런 관계를 자연스럽게 유지시켜준다. 물론, 단점도 있는데 싫은 사람도 자꾸 보게 되는 경우가 생긴다. 그럴 때는 거르면 된다. 두 번 정도 시간을 못 내면 자연스럽게 그 그룹에서 빠지게 되니, 판단의 문제다. 이보다 골프의 가장 큰 단점은 시간과 돈이 많이 든다는 데 있다. 그런데 이는 어쩔 수 없다. 골프 비용을 줄일 방법을 이야기 해줬으면 좋겠는데 그럴 방법은 없다. 대신 내가 해줄 수 있는 조언은 하나다. 골프는 비싼 비용만큼 그 값을 한다. 내가 술을 좋아하면 주변에 술친구가 있기 마련이다. 그런데 술을 잘 마신다고 해서 내가 평소 만나기 힘든 분들이 나를 술자리로 초대하는 경우는 없다. 골프는 내가 만나기 어려운 사람들을 연결해준다.

같은 값으로 골프를 더 값어치 있고 재밌게 즐기는 방법은 있다.

잘 치면 된다. 연습을 많이 하고, 채를 바꾸지 말고 그 돈으로 강습을 받으면 된다. 이 두 가지가 충족되면 일단 스윙은 잘할 수 있다. 점수는 라운딩 회수와도 관계가 있지만, 스윙은 연습한 만큼 좋아진다. 내 주변에 빠른 시간 안에 싱글 플레이어가 된 사람들의 공통점이 있다. 그들은 처음 시작할 때 미친 듯이 집중했다. 몇 달 동안 단 하루도 빠지지 않고 연습장을 갔고 강습을 받았다. 골프도 처음이 중요하다. 다시 한번 강조하자면, 골프를 배울 수 있다면 배우자. 그리고 시작했다면 잘 치자. 잘 치려면 '처음' 그 순간에 모든 것을 쏟아야 한다.

4th Sense

스트레스가 사라지면
살 이유도 사라진다

———

누구나 스트레스로부터 자유롭지 않다. 학생은 학생대로, 직장인은 직장인대로, 주부는 주부대로, 하물며 아무 근심 없을 것 같은 돈 많은 사장님도 스트레스를 안고 살아간다. 나 역시도 직장생활하면서 많은 일로 스트레스를 안고 살아왔다. 물론, 지금도 겪는 일이지만 과거와 비교해보면 그 강도와 빈도는 상대적으로 덜 느껴진다. 광고나 마케팅 일은 스트레스를 밥 먹듯이 겪으며 지내야 하는 직종이다. 정도의 차이가 무슨 의미가 있을까 싶지만, '정답지가 없는' 일을 하는 사람들은 특히 스트레스를 인생의 동반자쯤으로 여겨야 한다.

'정답지가 없는' 일을 하는 사람들은 특히 스트레스를 인생의 동반자쯤으로 여겨야 한다. 그렇다 보니 하루라도 스트레스 없는 일상을 보내는 게 소망일 때가 있었다.

그렇다 보니 하루라도 스트레스 없는 일상을 보내는 게 소망일 때가 있었다. 두 번째 직장 때까지는 스트레스를 거의 느끼지 못하고 살았다. 그때도 스트레스가 있었겠지만 나 자신이 그걸 스트레스로 여기지 않으며 일했다. 첫 번째 회사에서는 말단사원이었으니 특별히 어떤 스트레스가 있다기보다 시키면 마냥 열심히 했을 뿐, 생각이라는 것을 할 시간이 없었다. 몸은 힘들었지만, 무언가 마음의 짐은 없었다. 두 번째 회사도 마찬가지였는데, 일이 쉽거나 업무 강도가 약했던 것은 아니었다. 광고주를 상대해야 하는 스트레스만 어느 정도 있었을 뿐이다. 하지만 내 업무에 대한 자부심이 컸고, 내가 불행하다고 느낀 적은 없었다. 회사에서 가장 큰 광고주를 담당하는 팀에 있었고, 나를 인정하는 상사와 일을 했었다. 문제는 세 번째 회사에 들어서면서부터였다.

세 번째 회사는 광고회사가 아닌 독일 수입차 브랜드였고, 거기서 광고를 담당했다. 광고 일을 하다가 잠시 자리에서 벗어나 내가 광고주가 된 것이었다. 처음에는 내가 좋아하는 브랜드였고, 해보고 싶었던 업무였던지라 특별히 문제 될 것은 없어 보였다. 하루하루 행복한 마음으로 직장생활을 했다. 그러나 뜻밖에도 업무가 아니라 사람 문제로 탈이 났다. 나라는 사람은 다른 직원이 봤을 때 굴러 들어온 돌이었다. 알고 보니, 내가 내게는 매우 낯설고 난감한 광경이었다. 언제나 그렇듯 무던하게 이겨내려고 노력했지만, 하루하루를 버티듯이 보내다 보니 정신적으로 피폐해졌다. 그러고는 불면증과 두통에 시달려야 했다.

맡게 된 자리는 이미 기존의 누군가가 호시탐탐 노리던 자리였다. 게다가 경쟁자 중 한 명은 내 상사와 부적절한 잡음이 들려오기도 하는 등 사내정치가 극심한 상황이었다. 내 상사와 경쟁자의 눈치를 보던 다른 임원들은 일 자체가 아닌, 둘과의 친소관계로 굴러들어온 돌인 나에게 사사건건 반대 의견을 냈다. 사람들과는 항상 잘 어울린다고 생각했던 나로서는 매우 낯설고 난감한 광경이었다. 언제나 그렇듯 무던하게 이겨내려고 노력했지만, 하루하루를 버티듯이 보내다 보니 정신적으로 피폐해졌다. 그러고는 불면증과 두통에 시달려야 했다. 잘 버텨냈다고 생각했지만, 결국 병원에서 우울증 진단을 받고 난 뒤 세 번째 회사 생활을 마무리해야 했다. 내가 옳았고 그들이 틀렸다는 말은 아니다. 다만 이 특별한 사건 이후로 스트레스에 대한 생각이 나를 지배했다는 점을 고백하는 것이다.

직장을 옮기고 난 후, 정신적인 고통을 안겨줬던 문제는 말끔히

문제는 스트레스 자체가 아니라 스트레스를 대하는 나의 태도였다. 스트레스를 어떻게 관리하고 처리하느냐가 커다란 경쟁력이 될 수도 있고, 장애 요인일 될 수 있다는 생각이 들어서였다.

사라졌다. 하지만 나를 괴롭히던 스트레스가 사라진 것은 아니었다. 골머리를 앓던 문제가 해결됐음에도 크고 작은 스트레스는 여전했고, 그러면서 스트레스가 사라질 수 없다는 사실을 받아들여야 했다. 스트레스를 제거해야 한다는 생각을 버리자 상황이 눈에 띄게 개선되었다. 문제는 스트레스 자체가 아니라 스트레스를 대하는 나의 태도였다. 스트레스를 어떻게 관리하고 처리하느냐가 커다란 경쟁력이 될 수도 있고, 장애 요인이 될 수 있다는 생각이 들어서였다. 결국 나는 나를 괴롭히던 스트레스에 관한 두 가지 중요한 점을 발견했다.

첫째는 나 자신이 스트레스로 인식할 때 진짜 스트레스가 된다는 점이다. 스트레스의 근원은 다양하다. 성과를 내야 한다거나, 같이 일하는 동료, 상사 등과 갈등이 일어났을 때 받아야 하는 스트레스다. 내 경우를 살펴보면, 성과를 내야 한다는 스트레스는 그리 크지 않았다. 그 이유는 내가 이룬 성과가 뛰어났다기보다 성과와 관련된 문제들을 내 스트레스로 여기지 않았던 탓이 컸다. 성과가 나 혼자만의 일이 아니라는 생각을 해왔기 때문이다. 나와 팀원, 나와 상사

등이 협심해서 얻을 수 있는 결과
였지, 나 혼자만의 일이 아니라고
규정했다. 그렇다 보니 성과는 나

**나는 스트레스가 대개 사람과의 관계에서 파
생되고, 또 사람과의 관계를 통해 해결된다
고 믿는다. 내가 그랬기 때문이다.**

만의 스트레스가 아니었다. 나는 스트레스가 대개 사람과의 관계에
서 파생되고, 또 사람과의 관계를 통해 해결된다고 믿는다. 내가 그
랬기 때문이다. 성과에 대한 압박은 누구에게나 항상 있는 일이고,
부담을 나눠 짊어지면서 개선할 수 있다. 또 일이 힘들어도 동료들
과 잘 지내고, 인정받고 있다고 생각하며 일에 집중하면 성과도 자
연스럽게 개선되곤 한다. 그래서 스트레스로 여겨지지 않았고 지금
도 그렇다.

　일이 스트레스의 근원이라면 어떤 대처가 좋을까? 나라면 주변에
도움을 요청할 것이다. 일을 덜어달라고 잔꾀를 부리라는 말이 아니
라, 진심으로 일에 도움이 되는 조언을 구하라는 것이다. 만약 내 부
하직원이 일의 어려움을 토로하며 진심으로 조언을 구한다면, 나는
기쁘게 받아들일 것이다. 잘하려는 마음, 해내려는 마음이 있다면,
일에 얽힌 문제는 얼마든 해결된다. 상사는 다소간에 오늘의 성과가
부족해도 내일의 성과를 기대하며 따뜻한 시선으로 대해준다. 이를
통해 관계의 친밀감을 얻고 업무 스트레스를 희석할 수 있다. 고생
을 알아주고, 그 고생이 결과로 이어지지 않더라도 위로해주고 격려

스트레스가 내면화된 누적된 시간이다. 성냥개비 하나를 부러뜨리는 데 필요한 힘은 어린아이의 힘으로도 충분하지만, 이것이 쌓여 열 개, 백 개가 되면 어른의 힘으로도 버겁다. 스트레스는 어디에든, 어떤 일에든 누구에게든 있을 수 있다.

해준다. 그러고는 노력에 부응하는 결과를 얻어내면 내 일처럼 기뻐해준다. 고생을 알아주는 사람이 있으면, 그 순간의 고생이 고통으로 느껴지지 않는 신기한 경험이 누구에게나 있다. 사람들은 업무로 스트레스를 받을 때, 도리어 자신을 고립시키는 경향이 있다. 스트레스를 내면화하는 것이다. 이럴 때면 일과 사람 모두를 잃기에 십상이다. 스트레스라고 느껴질 때면 의도적으로 동료들과 함께 시간을 보내려고 노력해야 한다. 밥이든 술이든 무엇이든 얼마든 좋다. 나는 혼자가 아니라는 생각이 필요하다. 그 도움을 동료와 주변 사람에게서 받으라는 말이다.

둘째는, 스트레스를 오랜 시간 내면화하고 누적하면 병이 된다. 성냥개비 하나를 부러뜨리는 데 필요한 힘은 어린아이의 힘으로도 충분하지만, 이것이 쌓여 열 개, 백 개가 되면 어른의 힘으로도 버겁다. 스트레스는 어디에서나, 어떤 일에서나, 누구에게나 있다. 때로는 적당한 스트레스가 동기부여의 원동력이 되기도 한다. 오랜 직장생활을 마치고 정년퇴직하신 분들을 보면, 현역 시절의 좋던 에너지가 사라진 느낌을 받을 때가 있다. 일과 사람에 치였던 스트레스와 결별했는데, 왜 그럴까 싶었다. 생각 하기에 따라 스트레스는 갈망하 는 것에 도달하지 못했을 때 일어 나는 아쉬움이기도 하다. 따라서

> 스트레스가 심한 사람들은 '뻔뻔하지 못하다'는 공통적 특성이 발견된다는 연구조사가 있는 걸 보면, 가끔은 남의 시선을 의도적으로 무시하는 것도 좋은 방법이다.

무언가 문제가 있을 때 그것을 스트레스로 계속 쌓아 두느냐, 아니면 당장 해결할 수 없는 불필요한 생각으로 취급하느냐가 매우 중요하다. 쌓아 두면 그게 누적되며 고통이 된다. 스트레스가 느껴질 때면 최대한 빨리, 내 머릿속과 손에서 떠나보내야 한다. 그렇지 않고 가지고 있을수록, 그 시간이 길어질수록 배가되어 나를 괴롭히게 된다. 짧은 명상도 좋고, 좋은 글귀를 메모해 힘들 때마다 한 번씩 새기는 것도 좋은 방법이다. 그러나 그보다 중요한 일은 나 자신을 더욱 존중해주는 것이다. 내 실력을 믿고, 남의 시선을 예민하게 받아들이지 않는 자세가 필요하다. 스트레스가 심한 사람들은 '뻔뻔하지 못하다'는 공통적 특성이 발견된다는 연구조사가 있는 걸 보면, 가끔은 남의 시선을 의도적으로 차단하는 것도 좋은 방법이다.

제일 좋은 건 스트레스를 스트레스로 여기지 않는 것이다. 하지만 안타깝게도 인생이 계속되는 한 스트레스는 계속될 것이다. 하나를 제거하면, 다른 하나가 온다. 그럴 때 불필요한 감정을 스트레스

로 인정하지 않는 것이 최선이다. 또 마땅히 받아야 할 스트레스를 기꺼이 감당할 준비도 해야 한다. 부모는 부모로서, 팀장은 팀장으로서, 사장은 사장으로서 그 역할에 필요한 스트레스를 회피하려고 하면 더 내면화될 뿐이다.

내려올 때 말고,
올라갈 때 보라

초보운전 딱지를 떼지 못하던 시절, 서울에서 멀리 떨어진 경상남도 하동에 운전하고 간 적이 있다. 때마침 벚꽃이 한창이었지만, 나는 그 벚꽃을 만끽할 수 없었다. 읍내에서 간단히 점심을 해결하고 '벚꽃 터널'이라고 불리는 곳을 어렵게 찾아 나섰다. 그런데 막상 찾아가서 보니 이미 내가 지나온 곳이었다. 벚꽃 터널을 보러 왔지만, 초행길이기도 했거니와 운전에 익숙하지 않던 시절이라 앞만 보고, 표지판만 보고 달렸으니 만개한 벚꽃이 자아내는 멋진 광경을 지나오면서도 몰랐던 거였다.

골프를 치면 자주 하는 말이 있다. "와, 이렇게 경치가 좋은데, 이
걸 여태 못 봤네. 공 치는 데 집중하다가 좋은 풍광 다 놓쳤네." 내가
다녀왔던 골프장은 우리나라에서 풍광 좋기로 유명한 곳들이 많다.
그중 내가 자주 가는 골프장은 산 중턱에 자리해 경치가 일품이고,
뿌연 안개라도 끼면 그 몽환적인 풍경이 자못 감동적이기까지 하다.
이렇게 풍경이 좋은 골프장은 다른 곳들보다 비싸다. 골프장 회원
이 아니라면 꽤 비싼 이용료를 내야 한다. 그런데 그 풍경 탓에 비싼
골프장을 이용하지만, 정작 승부에 집중하다 보면 그 좋은 풍광이나
코스를 제대로 만끽하지 못하는 때가 대부분이다.

이렇듯 회사 다니며 바쁘게 일하다 보면 놓치고 사는 것들이 참
많다. 왜 회사에 다녀야 하며, 일을 해야 하는지 망각하고 일에 매몰
된 하루와 삶을 사는 경우가 많다. 돈을 벌어야 사는 게 당연하다지
만, 그나마도 언제까지 이렇게라도 유지하며 살아갈 수 있을지 불안
하기에 일과 삶에 균형을 찾으라는 말이 배부른 소리로 들릴 수도
있다. 하지만 바쁘게 산다는 것과 소중한 것을 놓치지 말아야 하는
건 전혀 다른 문제다. 바쁜 일은
오늘도 내일도 변함없이 계속되
지만, 소중한 것은 항상 때가 있

**골프를 치면 자주 하는 말이 있다. "와, 이렇
게 경치가 좋은데, 이걸 여태 못 봤네. 공 치
는 데 집중하다가 좋은 풍광 다 놓쳤네."**

다. 오늘이 아니라면, 사라지는 것들이 많다. 이를테면 가족이 그렇고 행복이 그렇다.

바쁜 일은 오늘도 내일도 변함없이 계속되지만, 소중한 것은 항상 때가 있다. 오늘이 아니라면, 사라지는 것들이 많다. 가족이 그렇고 행복이 그렇다.

일하는 이유는 돈을 벌기 위해서지만, 돈의 목적은 결국 행복을 위한 것이다. 나와 가족이 행복해질 수 있는 길이라서, 수단이라서 일을 한다. 미래의 더 큰 행복을 위해 지금 당장 힘들더라도 참고 고생하는 것을 당연하게 여긴다. 하지만 행복은 이자가 붙지 않는다. 행복을 내일로 미룬다고 해서 그 크기가 커지지 않는다. 내일의 행복이 지금보다 더 크고 가치 있다고 누가 장담할 수 있을까. 지금 곁에 계시는 부모님이 그때 온전하게 살아계실지 장담할 수도 없다. 오늘보다 더 상황이 좋아지면 행복할 수 있을 거라는 말은 너무 뻔하게 속아온 거짓말이다. 행복은 쉽게 상한다. 오늘의 행복을 누리지 못하고 내일로 넘긴다면 그건 온전한 행복이 아니다.

나는 두 아이를 모두 대안학교를 보냈다. 오늘날 우리나라 교육제도 아래에서 어려운 결정 중 하나였다. 나는 대학원까지 마친 정규교육의 학력으로 많은 과실을 얻어냈음에도 아이들에게 정규교육을 포기하게 한 것이 모순된 건 아닌지 고민했다. 대안학교를 보낸다는

스스로 선택한 행복한 학창 시절을 주고 싶었다. 좋은 대학이라는 미래의 불확실한 행복을 위해 오늘의 확실한 불행을 강요할 수 없었다.

것은 좋은 대학을 보내는 것을 포기한다는 걸 의미했다. 물론, 대안학교를 마치고도 좋은 대학에 진학하는 경우가 더러 있다. 하지만 그 친구들은 어떤 학교에 있었어도 진학할 수 있는 친구들이다. 우리 아이가 다닌 대안학교는 전통적인 성격의 대안학교다. 사전에 학교와 상의하지 않은 사교육을 시키면 퇴교당한다는 것이 교칙에 있는 곳이다. 내가 아이들을 대안학교에 보낸 결정적인 이유는 아이들이 뒷날의 행복이 아닌 '오늘의 행복'을 선택했기 때문이었다. 정규교육 과정 12년을 노력해서 훌륭히 버텨낸다면 한국 사회에서 가장 든든한 배경이 되는 학력이라는 훈장이 따라온다고 말하고 싶었지만, 끝내 고집 피우지 않았다. 아이들의 행복을 유예할 권한이 내게 있는지 확신이 없었다. 또 내 학창시절의 힘겨웠던 기억도 그 결정을 도왔다. 그런 현실을 아이들에게 물려주고 싶지 않았다. 스스로 선택한 행복한 학창 시절을 주고 싶었다. 좋은 대학이라는 미래의 불확실한 행복을 위해 오늘의 확실한 불행을 강요할 수 없었다.

큰아이는 대학 진학에 관심이 없다가 12학년 여름(이 학교는 12학년제로, 12학년이면 일반 고등학교 3학년에 해당한다) 갑작스럽게 진학에 관심을 가져 수시로 진학했다. 둘째는 원래 진학에 뜻이 있었지만, 재수 끝에 진학에 실패하자 관심 없는 전공을 하고 싶지 않다며 진학을 포기하고 지금은 연기자의 길을 걷고 있다. 결과적으로 이 선택들이 옳았는지는 아직 알 수 없다. 다만 확실한 것은 아이들은 본인들의 선택과 그 과정에서 행복했다는 것이다. 나는 그것으로 됐다고 생각한다.

고은 시인의 시 중 '그 꽃'이라는 시가 있다. 올라갈 때 못 본 꽃을 내려갈 때 보았다는 내용의 짧은 시다. 산은 그 자체가 목적임에도, 우리는 어느 순간 산을 가면 정상에 올라야 하고, 정상석 사진으로 인증하는 것에 몰두한다. 그래서 올라갈 때는 오로지 정상을 오르겠다는 생각 하나로 올라간다. 옆에 무엇이 있는지 눈에 들어오지 않는다. 산에 오르지만, 산을 보지 않는다. 그저 눈앞에 계단과 줄로 만들어놓은 등산로만 쳐다보며 가쁜 숨을 몰아쉬고 오르려고 애쓸 뿐이다. 정상에 올라 인증사진을 찍으면, 그제야 막걸리 한 사발과 파전 생각에 여유를 찾는다. 멀리 능선이 보이고, 가까이 꽃이 보이며, 함께한 동료가 보인다. 제대로 된 등산은 내려가면서 한다. 왜

멀리 능선이 보이고, 가까이 꽃이 보이며, 함께한 동료가 보인다. 제대로 된 등산은 내려가면서 한다. 왜 우리는 이걸 오를 때 하지 않을까?

우리는 이걸 오를 때 하지 않을까? 오르면서 꽃을 보고, 오르면서 쉬엄쉬엄 동료와 이야기하고, 오르면서 꽃을 보는 여유를 갖지 못한다. 그러다 정상에 오르지 않으면 또 어떤가.

미국의 한 유명한 변호사 부부 이야기가 있다. 그들은 힘겨운 노력 끝에 큰 저택을 구매했다. 정원이 내려다보이는 테라스에 앉아 커피를 마시면서 고급 오디오를 통해 클래식 음악을 듣는 것이 부부의 작은 소망이었다. 하지만 부부는 고급 주택을 사놓은 후로도 클래식 음악을 즐기기에는 여전히 너무 바빴다. 어느 날, 여느 때처럼 남편은 아침에 서둘러 출근했다. 하지만 집에 두고 온 서류가 생각나 다시 집에 돌아올 일이 생겼다. 집으로 돌아오자, 시원한 바람과 아침 햇살 아래, 아름다운 음악 선율이 흐르는 테라스에 앉아 커피를 마시며 휴식을 취하는 메이드의 모습이 눈에 들어왔다. 전망 좋은 테라스와 오디오를 산 것은 부부였지만, 정작 그걸 즐기고 있던 건 메이드였다는 인생의 아이러니를 보여주는 이야기다.

우리는 모두 열심히 산다. 일과 인생에서 아등바등 성공하려는 이유는 행복해지기 위해서다. 그러나 손에 잡히지 않는 추상적인 행복은 바라면서도, 구체적인 작은 행복은 뒤로 미룬다. 해내는 것은 제대로 하는 것이지, 빠른 게 다가 아니다. 남보다 빠르게 일을 마치고,

남보다 빠르게 승진하고, 목표한 것을 손에 쥐어도, 막상 그때가 되어도 행복하지 않은 경우가 많다. 행복은 그때, 그 사람, 그 상황 속에만 느낄 수 있는 것이기 때문이다.

내가 광고회사에
남게 된 이유

내가 일했던 웰콤은 사옥이 있었다. 그 사옥 안에는 전 직원이 들어
갈 수 있는 공간이 있었고, 사장님은 가끔 전 직원을 대상으로 강연
하시곤 했다. 대개 구체적인 업무 교육은 아니었다. 당신이 생각하
는 광고에 관한 몇 가지 떠오르는 생각들을 그때그때 말씀하시는 정
도였다. 직원들도 짧지 않은 경력의 광고 밥을 먹은 프로들이었으니,
이러쿵저러쿵하지는 않으셨던 것 같다. 그렇게 사장님께서 .은퇴를
얼마 남겨 놓지 않은 어느 날이었다. 문득 광고인의 행복에 관한 생
각을 말씀하셨다. 먼저 고백하자면, 그날 사장님의 말씀은 내가 오랜

시간 광고인의 길을 걷는 데 큰 도움이 된 울림이 있는 메시지였다. 그때의 기억을 더듬어서, 사장님의 말씀을 남겨본다.

> 광고인의 행복이란 무엇일까요? 로버트 펄검Robert Fulghum 은 자신이 알아야 할 모든 것을 유치원에서 배웠다고 했습니다. 그런데 나는 알아야 할 모든 것을 광고에서 배웠습니다. 나는 광고 때문에 스트레스를 받았고, 그 광고로 스트레스를 풀었어요. 골프를 하는 사람이 필드에서 좋은 샷을 날렸을 때 스트레스를 날린다면, 나는 마음에 드는 좋은 광고를 만들어 내보냈을 때 그 스트레스가 풀렸어요.
>
> 나는 남들 다 가진 취미가 없습니다. 그래서 그 흔한 골프도 스키도 아무것도 할 줄 모릅니다. 내 유일한 취미는 광고였죠. 주변 친구들이 내게 자주 했던 얘기가 있어요. "뭘 위해서 그렇게 살아? 은퇴하고 늙으면 어떡할래? 이제라도 취미를 가지라니까? 자네, 바보야?" 그럴 때마다 나는 이렇게 말해주곤 했습니다. "그래, 나 바보야."
>
> 그래서 그랬는지 아주 가끔 노래라도 한 곡 불러야 하는 자리가 있으면, 내 십팔번은 '난 참 바보처럼 살았군요'입

니다. 내 이야기 같아서, 감정이입이 잘 돼서 그런지 노래
를 꼭 불러야 하는 자리라면 난 항상 이 노래를 부릅니다.
참고로 이 노래는 김도향 씨가 작사 작곡을 한 곡입니다.
특이하게도, 이리역 폭발 사고 같은 여러 사건 사고가 무
척 많았던 1977년, 충무로 사무실에서 창밖을 내다보다
가 낙엽 하나가 그림처럼 툭 떨어지는 것을 보고 만들었
다고 합디다. '그 낙엽은 어디로 떨어졌을까' 하는 궁금증
에 거리로 뛰쳐나갔다가 순간 자신이 이 떨어져 뒹구는
낙엽과 같다는 생각이 들어, 그 허무한 마음으로 만들었
다는 노래입니다.

나는 광고인이 세상을 즐겁게 만드는 사람이라고 여기면
서 살아왔습니다. 누군가가 바보처럼 산다고 비웃어도, 나
는 광고인이고 우리 광고인이 하는 일이 자랑스럽습니다.
왜 그럴까요? 나는 광고도 강력한 힘을 가진 언론이라고
여깁니다. 생각해보세요. 어떤 뉴스를 한 달 동안 반복해
서 같은 내용을 내보내는 경우를 본 적 있나요? 어떤 드라
마를 똑같은 내용으로 매일 방영하는 경우를 본 적 있나
요? 광고는 희망과 동기부여를 위한 반복된 연상을 일으

킵니다. 그 어떤 언론보다 아름다운 방식으로 더 나은 인생을 꿈꾸도록 합니다. 광고는 사람들에게 욕망을 자극합니다. 그리고 그 욕망을 실현하기 위해 일을 열심히 할 수 있는 동기를 부여합니다. 내가 만약 한 나라에서 중요한 위치에 있는 사람이라면, 광고인들에게 진심으로 고맙다는 말을 전했을 것입니다. 그대들로 인해 경제가 살아 움직이고, 사람들이 희망을 실현하기 위해 일을 하게 되었노라고 말이지요.

광고인은 사람들에게 꿈을 주는 사람입니다. 멋진 자동차 광고를 합니다. 그걸 보는 사람들은 자동차를 살 새로운 목표가 생겨납니다. 머나먼 고즈넉한 휴양지가 그려진 광고를 합니다. 잠시 지쳐 있지만, 기운 내야 할 때라고 메시지를 전합니다. 좋은 광고는, 오늘 잘 쉬고 내일 아침 다시 뛰겠노라고 결심을 전합니다. 언젠가 저 차를 사고 말 것이다. 언젠가 반드시 저 여행지로 떠날 것이다. 이처럼 사람들이 꿈을 갖도록 해주는 일은 광고인이 할 수 있

> 좋은 광고는, 오늘 잘 쉬고 내일 아침 다시 뛰겠노라고 결심을 전합니다. 언젠가 저 차를 사고 말 것이다. 언젠가 반드시 저 여행지로 떠날 것이다.

는 일입니다. 좋은 광고는 장기적인 안목에서 세상을 이롭게 하는 광고입니다.

사랑하는 광고인, 미래에 훌륭한 광고인이 되고자 하는 여러분, 내가 진정으로 힘들고 지칠 때는 좋은 광고를 만들지 못했을 때였고, 아무리 지치고 힘들어도 좋은 광고를 만들 때는 참으로 행복했습니다. 광고인의 길은 참 힘들고 어려운 길이지만, 부디 세상을 움직이는 빛나는 광고인이 되어주길 바랍니다. 모두, 행복하시기를 바랍니다.

많은 사람에게 존경받는 크리에이터는 어떤 생각과 철학으로 일평생을 살아왔는지 알 수 있었고, 그 마음에 존경과 박수를 보내는 마음으로 교육장을 빠져나왔다.

이 무렵 나는 생각이 참 많았다. 조직의 문제로, 일에 대한 매너리즘으로 인해 다른 대안을 고민하기도 했고, 실제 다른 제안을 받고 거취를 고민하던 시기였다. 이 교육을 받고 나서, 내 일에 대해 다시 생각하게 되었고, 이직 대신 회사에 남았다. 그러고 나서 회사의 경영자 자리에까지 올랐으니, 순전히 사장님의 저 말씀 덕분이 아닐까 싶다. 처음부터 일이 신나서 직장생활하는 사람은 없다. 내 일의 결과가 좋은 영향력을 끼치고 있다고 깨달았을 때 그 느낌이 다시 나를 신나게 했다.

제5의 감각

5th Sense

죽어도
'낡지'
말아야
할 것들

오늘날 지식을 얻는 방법은 참 많기도 하거니와 쉽고 직관적이다. 활자가 아닌 동영상만으로 수많은 지식을 얻을 수 있다. 생존과 영위는 단어에 그 차이가 있다. 생존은 말 그대로 살아남는 것이다. 영위는 내 삶의 주체가 되어 그 삶의 방향을 능동적으로 결정하는 것이다. 어쩌면 디지털 문명은 이제 막 시작한 것일 수 있다. 생존을 위해 살 것인지 영위를 위해 살 것인지는 순전히 우리 자신의 몫이다.

나이 먹는 건
어쩔 수 없다고 해도,

오늘날 거의 모든 분야에서 과거와 다른 방식으로 변화를 경험하고 있다. 그 변화 중 가장 눈에 띄는 변화가 바로 스마트폰의 탄생과 더불어 일어난 디지털 전환이다. 매 순간을 반복하며 살아가는 우리가 그 차이를 금방 알아챌 수는 없지만, 시계를 과거 15년 전쯤으로 되돌려보자.

2007년, 아이폰 2G가 세계 최초로 첫선을 보였다. 아이폰 3GS가 2009년 11월 28일 KT를 통해 출시된 것이 국내 스마트폰 역사의 시작이었다. 고백하자면, 그때 나는 디지털 기기의 변화에 그리 밝은 아이폰이 탄생한 그때만 해도 애플이 '색다른 전화기'를 만들었다는 생각 그 이상은 아니었고 이후에 전개될 스마트폰으로 인한 혁명을 생각지 못했다.

편은 아니었다. 그랬기에 그때만 해도 애플이 '색다른 전화기'를 만들었다는 생각 그 이상은 아니었고, 이후에 전개될 스마트폰으로 인한 혁명을 짐작할 수 없었다. 내가 재직했던 웰콤은 아이폰이 출시되자마자 전 직원들에게 나눠줬으므로 '새로운 문명'을 예고하는 기기를 경험할 수 있었다. 당시만 해도 전 직원에게 아이폰을 선물한 회사는 웰콤밖에 없었다. 우리 회사 광고주 중 KT가 있었던 덕이든, 사장님이 선견지명이 있었던 덕이든 간에 좋은 기회가 '될 뻔' 했던 건 사실이다. 아이폰에 대한 내 첫인상은 '크고', '무겁고', '가지고 다니기 힘들다'였다. '될 뻔'이라고 말한 이유는 아이폰을 바로 아내에게 선물했기 때문이다. 그 덕에 나는 회사 전 직원 중 유일하게 아이폰을 쓰지 않는 사람이었다. 이유는 딱 하나였다. 정장을 즐겨 입는 내 기준에 기존 폴더 핸드폰이 작아서 편했기도 했거니와 핸드폰의 쓰임새도 통화가 다였다. 문자도 거의 사용하지 않았다. 그러니 내게 아이폰은 불필요한 기능만 추가된 불편하기 짝이 없는 별스러운 기기였다.

그러다 내 생각이 어리석었음을 깨닫게 된 사건이 일어났다. 팀에

성실하고 똑똑한 인턴직원이 있었다. 광고주 미팅이 다가오는데도 광고안이 그때까지 완성이 되지 않은 터였다. 시간이 촉박해, 본진이 먼저 출발하고 남은 몇몇 직원들이 광고안을 메일로 전달해 모니터로 보여주기로 했다. 문제는 도착해보니 노트북에 연결할 랜선이 없었다는 것. 당시만 해도 회의실에 와이파이가 있는 곳이 흔치 않았으므로 난감한 처지였다. 특히나 중요한 자리였으므로 머릿속이 하얘졌다. 다들 어쩔 줄 몰라 하던 그 순간, 인턴직원이 아이폰을 꺼내들고 무언가 조작하니, 랜선을 꽂지도 않은 노트북에 인터넷이 연결되는 것 아닌가. 그 덕분에 어렵지 않게 광고안을 보여줄 수 있었다. 미팅을 마무리한 후 그 인턴에게 물어보니 '태더링tethering'이라고 했다. 나는 위기를 모면했다는 안도감에 당시에는 무슨 말인지 제대로 이해하지 못했다.

그런 일이 있고 며칠 후, 결국에는 스마트폰을 구입했다. 그때 구매한 아이폰4가 사실상 내 첫 스마트폰이다. 내가 디지털 세상에 들어가게 된 건 그렇게 등 떠밀리다시피 시작되었다. '스마트하지 않은 사람이 스마트한 척하려고 쓰는 게 스마트폰'이라며 애써 외면했던 그 스마트폰을 사용하지 않고서는 일상에 적응할 수 없게 된

'스마트하지 않은 사람이 스마트한 척하려고 쓰는 게 스마트폰'이라며 애써 외면했던, 그 스마트폰을 사용하지 않고서는 일상에 적응할 수 없게 된 것이다.

것이다. 하지만 그 시작은 정말이지 정말 작은 시작에 불과했다.

'포노 사피엔스*Phonospiens*'라는 말을 들어보셨는지 모르겠다. 스마트폰을 잘 쓰고, 없이는 못 사는 사람들, 너무나 익숙하게 잘 써서 마치 하나의 장기처럼 떼려야 뗄 수 없는 사람들, 이들을 일컫는 말이 바로 포노 사피엔스다. 개념 자체는 유럽에서 시작되었지만, 용어를 다시 정의하고 확산시킨 분은 성균관대학교 부총장으로 계신 최재붕 교수다. 그는 스마트폰이라는 단순한 '기기' 하나가 세상을 어떻게 바꾸었는지 적나라하게 보여줌으로써, 그렇게 만들어진 신인류 포노 사피엔스가 주도하는 세상의 또 다른 혁명을 예측한 바 있다.

포노 사피엔스 문명이 주도하는 세상에서의 가장 큰 변화는 무엇일까? 바로 시장이다. 전 세계 시가총액 상위 열 곳의 기업 중 일곱 개가 포노 사피엔스 문명 아래 성장한 기업이라는 점을 눈여겨볼 필요가 있다. 애플, 마이크로소프트, 알파벳, 아마존, 엔비디아, 테슬라, 메타, 이렇게 일곱 개의 기업에 세계의 막대한 자본이 집중되어 있다. 우리가 알던 전통의 강자였던 GE, 토요타와 같은 회사는 어디로 사라졌을까? 상위 일곱 개 기업을 조금만 살펴보면, 저 기업들은 공장과 굴뚝에 기반한 회사가 아니라는 점이 금방 보인다. 이것이 의미하는 바는, 단순히 디지털이 문명의 표준이 되었다는 측면만 있는 건 아니다. 그와 동시에 디지털 혁명이 스마트폰이라는 단순한 기기

에서 비롯되었다는 점, 그리고 그
기기 하나에 의해 일어난 문명의
변화를 제대로 짚어낸 사람들이
큰 번영을 이뤄냈다는 점이다. 저

내가 불편하게 여겨 아내에게 선물했던, 그
작은 아이폰에 의해 창조된 문명이 오늘의
세계를 지배하는 아이러니한 상황이 펼쳐진
셈이다.

들 기업 중 상당수 회사가 아이폰 이후 탄생하거나 번성했다는 점을
고려해보면, 과거의 문법이 포노 사피엔스가 만들어낸 새로운 문법
에 의해 완벽히 대체되었다는 점을 잘 보여준다. 내가 불편하게 여
겨 아내에게 선물했던, 그 작은 아이폰에 의해 창조된 문명이 오늘
의 세계를 지배하는 아이러니한 상황이 펼쳐진 셈이다.

　아침에 일어나 문 앞에 배달된 신문을 읽고, 출근을 위해 서둘러
운전대를 잡는다. 점심은 회사 근처 식당에서 먹고, 오후 미팅에 늦
지 않게 출발해서 미팅하고, 근처 은행에 들러 결제를 위해 송금하
고, 퇴근 후에는 9시 뉴스와 미니시리즈 보다가 잠든다. 이게 불과
십수 년 전 과거 우리의 일상이었다. 그런데 지금은 어떻게 달라졌
을까? 머리맡에 놓인 스마트폰 알람 소리에 맞춰 눈을 뜨고, 스마트
폰으로 맞춤형 뉴스를 접하고, 자율주행차로 출근하며 유튜브 쇼츠
나 인스타그램 릴스를 보기도 한다. 점심은 배달 앱으로 맛집을 검
색해 시켜 먹고, 미팅은 줌으로 한다. 토스나 카뱅으로 송금하고, 퇴
근 후 집에서 유튜브와 넷플릭스를 즐기다 잠든다. 비약은 있지만,

우리 대부분은 스마트폰을 또 다른 전화기라고 생각했지만, 실상은 움직이는 작은 컴퓨터 그 이상이 되었다.

지금 우리의 일상과 거의 다르지 않다. 우리 대부분은 스마트폰을 또 다른 전화기라고 생각했지만, 실상은 움직이는 작은 컴퓨터 그 이상이 되었다.

일을 해내는 것은 업무와 관련한 변화를 잘 감지해 방향을 읽고, 그걸 재빨리 실행한다는 말이기도 하다. 종종 나와 비슷한 연배나 그 윗분들께서 "이런 거는 뭐, 애들이나 하는 거지. 나는 잘 몰라"와 같은 말씀을 하는 걸 본다. 과거 내가 아이폰을 처음 받았을 때의 '크고', '무거웠던' 부정적 감정이 떠오르는 듯하다. 손을 흔들어 타야 했던 택시, 여행지에 도착해서야 부랴부랴 잡아야 했던 숙소, 두꺼운 전국 지도책 한 권쯤 꼭 있던 자동차, 온 가족이 옹기종기 모여 봐야 했던 텔레비전…. 불과 십수 년 전의 풍경이 이제 온데간데없이 사라졌다. 택시가 우버로 대체되고, 유명 호텔이 에어비앤비로 대체된 것처럼, 인류는 생존에 유리한 방향으로 진화하고 있다. 우리가 알게 모르게 불편하게 여겼던 수많은 것들이 스마트폰 탄생 이후 새로운 비즈니스가 되어 돌아온 것이다.

내 지금의 직업은 가상현실을 근간으로 하는 확장현실^{XR} 콘텐츠와

솔루션을 제공하는 회사의 CEO 다. 메타버스^{Metaverse}의 가장 중요한 축인 3D 가상현실 공간을 주 비즈니스 모델로 하는 회사이다 보니 미래 기술과 디지털을 끊임

택시가 우버로 대체되고, 유명 호텔이 에어비앤비로 대체된 것처럼, 인류는 편한 생존을 위해 진화돼왔다. 나이 먹는 건 어쩔 수 없다고 해도, 생존의 문제가 달린 디지털 전환은 항상 주의 깊게 관찰해야 한다.

없이 공부해야 했다. 그러면서 내가 깨달았던 사실은 작은 변화에도 민감해야 한다는 것이다. 스마트폰으로 뉴스를 소비하고, 카카오톡으로 사람들과 대화를 나눈다고, 또 유튜브 콘텐츠를 본다고 모두 디지털 문해력이 생겨나는 건 아니다. 디지털이 유발하는 변화를 감지하고 거기에 맞는 사고와 지식을 갖추려고 노력해야 한다. 얼마 전, 대학동문 골프모임 단톡방에 후배 한 명이 석사 논문을 위한 설문에 응해달라는 링크가 올라왔다. 설문을 자세히 보니, 유명 여자 프로 골퍼의 스윙하는 모습을 이용한 NFT$^{Non-fungible\ token}$(대체 불가능 토큰)를 발행할 경우 구입할 의향이 있는지, 있다면 얼마에 구입할 수 있는지 묻는 내용이었다. 그때 한 후배가 설문을 마친 후 질문을 올렸다. "그런데 NFT가 뭐야?" 그 후배는 꽤 유명한 한방병원의 원장이다. 사회적으로 성공한 저명한 한의사지만 그에게 NFT는 듣지도 보지도 못했던 단어이고 주제였다. 물론, 그의 처지에서 보면 납득할 수 있는 일이다. 과거 방식의 표준으로 그는 충분히 성공했으니

오늘날 지식을 얻는 방법은 참 많기도 하거니와 쉽고 직관적이다. 활자가 아닌 동영상으로 수많은 지식을 쉽게 얻을 수 있다. 생존과 영위는 단어에 그 차이가 있다.

말이다. 하지만 과거 방식의 의료 패러다임이 언제까지 유지될지 장담할 수는 없다. 스마트폰이 불과 10년 사이에 세상의 수많은 직업을 사라지게 했듯이, 디지털 전환이 병원 시장에 어떻게 작용할지 모를 일이다.

오늘날 지식을 얻는 방법은 참 많기도 하거니와 쉽고 직관적이다. 활자가 아닌 동영상으로 수많은 지식을 쉽게 얻을 수 있다. 생존과 영위는 단어에 그 차이가 있다. 생존은 말 그대로 살아남는 것이다. 영위는 내가 내 삶의 주체가 되어 그 삶의 방향을 능동적으로 결정하는 것이다. 어쩌면 디지털 문명은 이제 막 시작한 것일 수 있다. 생존을 위해 살 것인지 영위를 위해 살 것인지는 순전히 우리 자신의 몫이다.

5th Sense

내가 알던
그 광고는
죽었다

"신 대표, 광고해야 해?" 광고회사를 그만두기 전에도 그랬지만, 그만둔 후에도 많이 받는 질문이다. 주변에 사업을 하는 선후배들이 많다 보니 광고를 해야 하는지 말아야 하는지 고민된다는 고충을 자주 듣는다. 전 같았으면, "당연히 하셔야죠"라고 숨도 쉬지 않고 답하곤 했다. 꼭 우리 회사를 통해서가 아니더라도 광고는 하시라고. 하지만 지금은 바로 대답하지 않고, 적게는 10분, 많게는 한 시간 정도 뜸을 들인 뒤에야 내 생각을 말씀드린다. 내 생각이 과거와 달라진 걸까? 아니라면 전에는 광고회사에 몸담고 있으니 당연히 해야 사냥은 목표로 하는 사냥감을 정하고, 날카로운 창을 갈고, 활을 준비해, 사냥감이 평소 언제 어떤 길로 다니는지를 알아내고, 미리 매복해 있다가 창을 던져 잡거나, 덫을 놓아 잡는다.

하는 거고, 지금은 광고 일을 하지 않아서? 그건 아니다. 미디어 환경 속에서 광고의 위상과 역할이 과거와 달라졌기 때문이다. 예나 지금이나 광고가 필요하다고 여기는 건 같지만, 광고가 과거 문법 그대로 송출되는 것은 돈 낭비에 가깝다고 말하려는 것이다.

나는 광고를 이른바 '사냥의 기술'이라고 정의해왔다. 사냥의 프로세스는 이렇다. 목표로 하는 사냥감을 특정하고, 날카로운 창과 빠져나갈 수 없는 덫을 준비해, 사냥감이 드나드는 시간과 길목을 파악한 후, 미리 매복해 있다가 준비한 도구로 잡는다. 이를 광고에 대입해보면 이렇다.

목표로 하는 사냥감을 정한다
- 광고 타깃을 정한다
날카로운 창을 갈고, 덫을 준비한다
- 창의성에 기초한 적절한 전략으로 제작물을 만든다
사냥감이 평소 언제 어떤 길로 다니는지 알아낸다

- 타깃이 주로 이용하는 매체를 파악한다

창을 던져 잡거나, 덫을 놓아 잡는다

- 광고를 집행한다

인류는 생존 확률을 높이는 방향을 향해 진화했다. 인류사의 혁명적인 변화도 사냥의 환경이 농경과 목축 환경으로 바뀌면서 본격화했다. 농경과 목축이 사냥보다 식량을 얻는 데 훨씬 유리하다는 점을 깨달은 인류의 현명한 선택이었다. 이런 맥락에서 보면 광고도 마찬가지였다. 20세기 이후 TV, 라디오, 신문의 급격한 보급으로 지역적 한계에 머물던 광고는 국가를 넘어 세계적인 범위로 확대되는 혁명적 시기를 보냈다. 좁은 장터에서 목이 터져라 손님을 끌어모으던 뱀 장수를 생각하면, 광고의 진화는 실로 엄청났다. 그리고 그 진화로 인해 광고의 위상이 계속될 것으로 보였다. 하지만 인터넷과 스마트폰이 등장하면서 광고는 진정한 의미에서 농경과 목축에 진입한 것이 아닌, 단지 돌도끼가 쇠도끼로 화살이 총으로, 도구만 바뀌었을 뿐 여전히 사냥 형태의 과도기에서 벗어나지 못했다는 점을 깨달아야 했다. 즉, 광고는 그 거대한 진화를 이뤄낸 듯 보였지만, 여전히 사냥에서 목축으로 변화하는 중대한 전환의 시기에 놓여 있는 것이다. 이와 관련한 몇 가지 구체적인 변화를 살펴보자.

첫째, 광고의 역할이 바뀌었다. 1920년대, 미국의 경제학자 롤랜드 홀Roland Hall은 광고로 인한 소비자 행동 변화 패턴을 '아이드마AIDMA, Attention-Interest-Desire-Memory-Action'로 정의했다. 즉, 광고가 고객에게 주의-흥미-욕구-기억-행동의 순차적 패턴으로 변화를 이끈다는 것이었다. 당시 TV가 폭발적으로 보급되며 광고가 톡톡한 효과를 내면서, 홀의 이론은 오랫동안 정론으로 받아들여졌다. 신제품 맥주 광고가 있다고 하면, 신제품 메시지에 주목하고, 관심이 생기고, 마셔보고 싶다는 마음이 생겨난다. 그리고 기억해두었다가 술자리에서 신제품을 마셔보는 것이 오랜 광고 문법이었다. 하지만 이 문법은 2000년대 인터넷 보급과 함께 바뀌었다. 일본의 광고대행사 덴츠에 의해 만들어진 '아이사스AISAS, Attention-Interest-Search-Action-Share', 즉 주의-흥미-검색-행동-공유로 이어지는 행동 패턴이 오늘날의 광고 효과다. 맥주 광고를 보고, 주목하고, 흥미를 느끼지만, 그대로 수용하는 것이 아니라, 검색해서 먼저 마셔본 타인의 반응에 따라 선택한다. 직접 마셔보고 맛이 좋다면 인터넷에 공유함으로써 제품 확산에 역할을 하는 것이다. '주의-흥미' 단계에서 '욕구'로 넘어가는 결정적 역할, 즉 먹고 싶은 생각이 들도록 한 것이 광고의 역할이었다면,

'주의-흥미' 단계에서 '욕구'로 넘어가는 결정적 역할, 즉 먹고 싶은 생각이 들도록 한 것이 광고의 역할이었다면, 이제는 '검색'이 광고의 결정적 역할을 대체한 것이다.

이제는 '검색'이 광고의 결정적 역할을 대체한 것이다. 더군다나 '행동' 이후 '공유'에 이르게 되면, '공유'가 '공유'를 일으키는 순환적 구조가 만들어진다. 즉, 마케팅의 공략 포인트가 '검색-행동-공유'라면, 여기서 광고의 역할은 제한적으로 바뀌고, 소셜미디어 등에 그 자리를 내줘야 하는 상황에 이르렀다.

둘째, 광고는 기본적으로 미디어와 결합해 작용한다. 흔히 TV 광고라고 하면, 영상 광고를 만들고, 그걸 공중파 혹은 케이블 TV라는 매체에 광고를 집행하는 것이다. 전통적으로 TV 광고, 라디오 광고, 신문 광고 등이 있었고, 별 예외 없이 그렇게 광고가 집행됐다. TV 광고비용이 가장 비쌌고, 라디오 광고와 종합 일간지 광고가 다음으로 비쌌다. 이 광고들이 비쌌던 이유는 당연히 효과가 컸기 때문이다. 우리 대부분이 아침부터 저녁까지 TV를 보았고, 라디오를 들었고, 신문을 보았다. 한마디로 덫을 놓기에 좋았다. 그런데 지금은 이 구도가 완벽히 깨졌다. 먼저 TV 생태계가 달라졌다. 예전에는 공중파 3사에 일부 케이블 채널만 확보하면 됐다. 하지만 지금은 공중파 3사는 물론, 종편 포함 케이블도 종류가 너무 많다. 공중파 3사의 위상도 과거와 전혀 다르다. 이미 지상파 광고 시장은 모바일 광고 시장의 절반에도 이르지 못할 만

사람들 대부분이 아침부터 저녁까지 TV를 보았고, 라디오를 들었고, 신문을 보았기 때문이다. 한마디로 덫을 놓기에 좋았다.

큼 축소됐다. 콘텐츠를 더는 TV를 통해서만 보지 않기 때문이다. 게다가 스마트폰으로 볼 수 있는 유튜브와 넷플릭스와 같은 OTT가 대중화되면서, 가족들이 더는 옹기종기 함께 모여 앉아 TV를 보지 않는다.

셋째, 젊은 세대들이 더는 광고를 '쿨'하게 여기지 않는다. 선호하는 콘텐츠를 보는 데 오히려 걸리적거리는 대상으로 여기기도 한다. 광고를 보지 않는 조건으로 유료 서비스를 구독하는 것도 이런 맥락에서 이해될 수 있다. 그렇다 보니 메가 브랜드, 예를 들면 나이키나 아디다스는 전통적인 광고를 통해 10~20대를 잡는 것이 어렵다고 판단하고, 그들이 좋아하고 열광하는 방식으로 접근을 한다. 메타버스 안에 브랜드숍을 열고, NFT를 발행해 커뮤니티에 대한 충성도를 키우는 등의 방식으로 광고를 집행한다. 과거 'Just do it'만을 외치던 나이키는 이제 보기 어렵다. 과거 방식으로 소비자를 광고로 끌어들이는 방식이 그 힘을 잃어가고 있는 것이다.

자, 다시 첫 질문으로 되돌아가보자. TV 광고를 해야 할까? 이제, 답은 이미 당신의 마음에 있을 것 같다. 더는 광고가 '검색'에서 '공유'를 이끌어내는 필수적인 수단이 아니다. 사냥감도 한 길목으로 드나들지 않고, 광고가 가진 창도 너무 무뎌 보인다. 게다가 소수의 사냥감을 얻기 위해 함정을 파놓기에 광고는 값비싸다. 그래서 다양한 브랜딩과 마케팅 전략이 탄생하는 것이다. 팔기 위해 돈을 써야 하지만, 이제는 과거보다 영리하게 해야 한다. 그 과정에서 광고가 필요하다면 집행해야 한다. 제품의 디테일과 가치의 지향점, 고객과의 공감, 이 모든 것이 함께 어울려야 한다. 방법이 있을까?

2022년 대한민국 광고대상 온라인 영상부문 대상을 받은 CU '편의점 고인물' 캠페인은 눈에 띄는 광고였다. 우선, 이 캠페인이 내 눈에 특이하게 보였던 이유는 광고대행사가 아니라 광고주(BGF리테일)와 제작사(플레이리스트)가 함께 상을 받았다는 점이었다. 통상 광고주가 광고대행사에 광고 업무 전반을 의뢰하고 광고대행사는 제작사와 함께 광고를 기획, 제작 완성한다. 그런데 이 경우에는 똑똑한 광고주가 똑똑한 제작사와 직접 만들고, 그 결과물이 공전의 히트를 쳤다. 더군다나 내용의 신선함은 더욱 눈에 띄었는데, '편의점 고인물' 캠페인은 1분짜리 웹드라마 형태로 총 스무 개의 콘텐츠로 이루어져 있다. 한마디로 전혀 '광고스럽지' 않은 광고다. 편의점을 배경으로 알바생과 손님 사이에 일어날 법한 재미있고 친근한 에피소드들을 보여준다. 주요 무대인 편의점은 사실 그리 큰 변별력이 없

사냥감도 한 길목으로 드나들지 않고, 광고가 가진 창도 너무 무뎌 보인다. 게다가 소수의 사냥감을 얻기 위해 함정을 파놓기에 광고는 값비싸다.

노골적으로 홍보하기보다 재미있는 콘텐츠를 통해 누구나 편하게 즐기는 공간으로 공감할 수 있도록 연출한 것이다. 앞으로 전개될 광고는 이처럼 공감 지향으로 진화할 것이다.

다. 그러니까, 어느 곳이 배경이어도 공감할 수 있는 이야기로 구성되어 있다. CU 편의점을 노골적으로 홍보하기보다 재미있는 콘텐츠를 통해 누구나 편하게 즐기는 공간으로 공감할 수 있도록 연출한 것이다. 앞으로 전개될 광고는 이처럼 공감 지향으로 진화할 것이다.

스마트폰을 인공장기처럼 쓰는 포노 사피엔스 시대에 광고는 그렇게 재탄생하고 있다. 광고는 더는 가르침이 아닌 공감이다. 유일한 정보 제공자도 설득의 마술사도 아니다. 이미 더 빠르고 정확한 검색으로 정보를 가진 사람들에게 동의를 구하고, 함께 공감하는 친구이자 동료 같은 존재가 되는 것이다. 소비자보다 앞서가는 광고가 아니라 나란히 함께 걷는 광고여야 한다. 한때, 광고가 낭만이라고 생각했었다. 멋진 영상과 더 멋진 카피로 세상을 유혹하고 움직인다고 믿었던 적이 있다. 하지만 이제 광고는 낭만이 아니다. 내가 알던 광고는 그런 면에서 죽었다.

새로운 세대와
공존하는 법

내가 담당했던 블랙야크라는 브랜드가 있다. 블랙야크는 아웃도어 메이커로 오랜 인기를 누려온 브랜드다. 사실, 내가 이 브랜드를 맡게 된 데에는 단순한 사연이 있었다. 나이 지긋하신 회장님과 남성 임원들이 주된 광고주이다 보니 우리 측에서도 남성 임원이 맡아서 진행하는 편이 좋겠다는 그룹 내 의견에 따라, 내가 브랜드 책임자가 된 특이한 경우였다.

블랙야크는 패션성에 의존하는 여타 아웃도어 메이커와는 조금 당시 블랙야크는 아웃도어 시장 전체가 점차 경량화, 대중화, 패션화되면서 상대적으로 젊은 층들이 좋아하는 노스페이스나 내셔널지오그래픽 같은 브랜드와 경쟁하며 고전을 면치 못하고 있었다.

다른 회사다. 시장 점유율로 국내 최고는 아니지만, 정통 알파인 브랜드, 즉 고기능성 전문 등반 및 트래킹 브랜드로서 기술력만큼은 국내 최고인 회사다. 해마다 열리는 세계 최대 스포츠용품 박람회인 ISPO 뮌헨에서 그 품질을 인정받고 있으며, 특히 2016년에는 11개 부문에서 수상한 명실상부 세계 'No.1' 수준의 기술력을 보유하고 있다. 하지만 내가 맡게 된 당시 블랙야크는 아웃도어 시장 전체가 점차 경량화, 대중화, 패션화되면서 상대적으로 젊은 층이 좋아하는 노스페이스나 내셔널지오그래픽 같은 브랜드와 경쟁하며 고전을 면치 못하고 있었다. 내가 조사했던 자료에 따르면, 블랙야크는 주 구매자인 40~50대 층에서는 여전히 경쟁력을 유지하고 있으나, 상대적으로 20~30대 층은 별반 관심이 없는 브랜드였다. 전문 등반 브랜드보다 가볍고 예쁘며 애슬레저Athleisure('운동'을 뜻하는 athletic과 '여가'를 뜻하는 leisure의 합성어) 붐을 타고 일상복처럼 입을 수 있는 패션성이 강조된 아웃도어 트렌드에서 한 발짝 벗어나 보였기 때문이었다.

블랙야크도 이미 이런 분위기를 감지하고 위기감을 느끼고 있었다. 구매력 높은 40~50대 구매층에 더해 젊은 연령대로 확장을 꾀

하던 차였다. 그 확장을 위한 시
도가 내가 블랙야크를 맡기 직전
에 이뤄졌는데, 조금은 의아한 판
단이었다. 메인 모델로 이승기 씨

> 메인 모델이 매장에 들어서자마자 "우리 승기 왔다!"라는 아주머니들의 함성과 박수 소리가 뒤엉켜 귀가 멍해질 지경이었다. '승기 오빠'가 아니라 '우리 승기'가 왔다니.

를 내세운 것이다. 담당자를 통해 나중에 알고 보니 순전히 임원들의 의견이 반영된 것이었다. 물론, 당시 이승기 씨가 나이든 모델도 아니었고 좋지 못한 이미지를 가진 것도 아니었지만, 경쟁사들이 상대적으로 더 어린 모델을 쓰는 상황을 고려했을 때, 이승기 씨는 데뷔한 지 꽤 된 연차가 있는 연예인이었다. 그 상황에서 안동에 새로운 매장이 열렸다. 블랙야크에서 꽤 신경 써서 만든 복합 매장이었던 터라 이승기 씨 팬 사인회를 안동 신규 매장에서 열었다. 신규 매장 개점을 축하할 겸 안동 매장을 찾았을 때, 매장 안은 이승기 씨를 기다리는 사람들, 주최 측 인사들, 고객들이 서로 뒤엉켜서 북새통을 이루고 있었다. 문제는 그 후에 일어났다. 잠시 후 검은 밴을 탄 이승기 씨가 매장 앞에 도착했다. 연예인 보는 것이 부모님 뵙는 것보다 흔한 직업인 터라 무심히 입장하는 걸 보고 있었는데, 순간 귀를 의심할 수밖에 없었다. 메인 모델이 매장에 들어서자마자 "우리 승기 왔다!"라는 아주머니들의 함성과 박수 소리가 뒤엉켜 귀가 멍해질 지경이었다. '승기 오빠'가 아니라 '우리 승기'가 왔다니. 그리고 보니 사인회에 줄을 선 사람들도, 매장에 온 손님들도 다 이승기의 한 창 이모뻘이나 엄마뻘쯤 되시는 분들이 가득했다. 나는 그때야 블랙 야크의 아득한 현실에 맞닥뜨렸다.

이런 블랙야크가 젊어질 수 있었을까? 나는 가능하다고 생각했 고 지금도 그 생각에는 변함없다. 당시 광고 콘셉트도 원점에서 방 향 전환이 필요하다고 믿었다. 역설적이지만, 내가 그렇게 생각하게 된 이유는 광고 자체가 아니라 BAC^{BLACKYAK ALPINE CLUB}의 존재 때문이 었다. 사실, BAC는 그 원래 이름처럼 '블랙야크 알파인 클럽'이라는 커뮤니티로 2010년 시작했다. 블랙야크는 각 지역 대리점을 거점으 로 사람들을 모아 '명산 100'이라는 오프라인 프로그램을 탄생시켰 다. 예를 들어, 천안 대리점에서 버스로 사람들을 모아 내장산 등산 을 다녀오는 그런 방식이다. 그렇게 되면 소비자와 매장 간 유대관 계가 생기고, 좋아하는 등산을 매개로 하다 보니 자연스럽게 제품에 대한 충성도를 높인다. 말하자면, 이른 새벽 낚시 가게에 다 같이 모 여 먼 지방으로 낚시 여행을 가는 것을 주선하는 것과 비슷한 방식 이다. 이걸 모바일 커뮤니티 플랫 폼화한 것이 바로 BAC, 블랙야크

> 당시 광고 콘셉트도 원점에서 방향 전환이 필요하다고 믿었다. 역설적이지만, 내가 그 렇게 생각하게 된 이유는 광고 자체가 아니 라 BAC의 존재 때문이었다.

알파인 클럽이다.

이 BAC 안에는 명산 100, 섬앤산, 백두대간 등 다양한 목표의 프로그램이 있고, 젊은 층들이 좋아하는 인증과 게임 방식의 성취도를 높이는 방식으로 진행된다. 예를 들어, 1년 안에 명산 100을 완등하면 상품을 주고, 인스타그램 등을 통해서 인증사진을 공유하는 것이다.

참여 방식은 간단하다. 모바일로 BAC에 가입하면, 가까운 매장에 들러 BAC 수건을 받게 된다. 제법 예쁘고 쓸모도 있다. 이 수건을 지니고 등산한 후 인증사진을 남기면 되는 식이다. 또한, BAC는 일회용품 사용을 줄이고 쓰레기도 처리하는 '헤비어 백팩heavier backpack' 캠페인 같은 젊은 층이 좋아할 환경 캠페인 등도 함께 진행해 많은 호응을 얻었다.

나는 BAC의 이런 활동을 측면지원하는 광고가 적합하다고 생각했다. 연예인을 메인 모델로 하는 광고는 별도로 진행하되, 아름답고 건강한 대학생과 각 분야 젊은 전문직 종사자들을 모델로 한 BAC 프로그램 이미지가 오히려 효과적이라고 봤다. 그 결과로 BAC는 2019년부터 가입자가 늘어서 2022년 여름 기준 누적 회원 수 35만 명에 달했고, 연령대도 20~30대가 전체의 절반을 차지하게 됐다.

그렇다면 다른 젊은 브랜드들을 표방하는 국내 경쟁 업체들은 어떻게 하고 있을까? 여전히 젊은 브랜드를 강조하고 있지만, 방식은 그다지 그렇지 않아 보인다. 인기 모델이나 아이돌에 의존하는 큰 비용의 광고에만 집중하고 있다. 지금 당장은 큰 차이가 나지 않을 수 있지만, 모델이 만들어낸 이미지는 유통기한이 있다. 패션을 트렌드로 소비하는 것은 일시적이지만, 브랜드의 적극적인 참여자가 된 팬은 그 기업을 존속시키는 힘을 가진다. 시간이 지나면 어떻게 될까? 블랙야크는 BAC 회원이 늘어가고 좀 더 고객들과 소통하고 브랜드의 팬들이 늘어갈 것이다. 커뮤니티를 사랑하는 팬들이 존재하는 한 지금의 작은 차이는 더 벌어질 것이다. 빌려 쓰는 팬과 만들어 쓰는 팬 어느 쪽이 진짜일까? 어느 쪽이 내 것일까? 이제 빌려 쓰지 말고 만들어 써야 한다. 그게 마케팅이고 미래고 힘이다.

광고 마케팅에 몸담았던 사람으로, BAC는 오늘도 참 흥미롭다. 오프라인 비즈니스의 저 끝에 있는 기술력 있는 '올드한' 브랜드가 그 정체성에 집중해 화려한 이미지 치장이 아닌 방식으로 디지털 세대와 공존할 수 있는 방식을 만들고 찾아낸 것이다. 블랙야크가 잘됐으면 한다. 내가 담당했던 브랜드여서가 아니라, 사명감과 기술

지금 당장은 큰 차이가 나지 않을 수 있지만, 모델이 만들어낸 이미지는 유통기한이 있다. 패션을 트렌드로 소비하는 것은 일시적이지만, 브랜드의 적극적인 참여자가 된 그 기업을 존속시키는 힘을 가진다.

력을 갖춘 회사가 도태되지 않고 새로운 세대와 공존하며 더 성장하기를 바라는 마음에서 그렇다.

없어서는
안 될 존재가
된다는 것

내 두 번째 직장은 레오버넷이라는 시카고에 본사를 둔 미국계 광고
회사였다. 외국계 광고회사다 보니 매니징 디렉터(지사장)가 대부분
외국인이었는데, 어느 날 외국인 사장이 만든 자료를 검토하다가 특
이한 단어 하나를 발견하게 되었다. hostage, 인질을 뜻하는 단어였
다. 영문 자료였는데, 말하자면 'hostage'를 빼고 진행해야 한다는
말이었다. 여기서 hostage란 어쩔 수 없이 그 브랜드에 묶여 있는
사람들이다. 쉽게 말해, 갤럭시 스마트폰을 광고한다고 할 때 삼성전
자 직원들은 물론이고, 다른 의미로 애플 직원들도 어쩔 수 없는 '인

질'들이다. 그들은 자신들의 의지
로 갤럭시를 쓰는 게 아니라, 반
드시 써야 하거나, 어떤 경우라도

Hostage가 부정적인 표현처럼 보이지만 이
를 달리 해석하면, 고민하지 않는 사람들, 흔
들리지 않는 사람들이다.

쓰지 않을 사람들이다. Hostage가 부정적인 표현처럼 보이지만 이
를 달리 해석하면, 고민하지 않는 사람들, 흔들리지 않는 사람들이라
할 수 있다.

어느 직장인이라도 그렇지 않은 사람은 없겠지만, 특히 마케터나
광고 담당자들은 항상 불안하고 조바심 속에 살아간다. 이들이 상대
하는 소비자들은 언제나 변덕스럽고, 어디로 튈지 모르며, 평생을 밀
당해야 할 사람들이기 때문이다. 그러니 고민할 필요조차 없는 사람
은 이들에게 '봉황 같은 존재(있다고는 하는데 본 적 없는 그런 존재)'다. 모
든 마케팅의 목표는 소비자들을 내 브랜드의 인질로 삼는 것이다.
여기에 경쟁자의 인질까지도 내 인질로 만든다면 마케팅의 궁극에
도달했다고 말할 수 있다. 그러면 이게 끝일까? 더 바란다면 도둑놈
소리를 들을 수 있겠지만, 마케팅은 가끔 도둑놈이 돼야 할 때가 있
다. 실제로 더한 일이 존재한다. 스스로 인질이 되는 걸 넘어 남들까
지도 함께 끌어들여 인질을 되도록 한다면 어떨까?

마케팅은 근본적으로 돈을 쓰는 일이다. 나는 광고대행사 말고도

> **"영업팀이 돈을 벌어오는 부서라면 저는 돈을 쓰는 사람입니다. 그래서 잘 쓰겠습니다. 잘 써서 영업하기 편하게, 많이 벌게 하겠습니다. 그러니 돈을 쓴다고 뭐라고 하시지 말길 바랍니다."**

독일 수입차 브랜드의 광고 마케팅을 현장에서 지휘한 적이 있다. 전 직원이 모인 자리에서 나를 소개하는 시간에 했던 말이 있다. "영업팀이 돈을 벌어오는 부서라면 저는 돈을 쓰는 사람입니다. 그래서 잘 쓰겠습니다. 잘 써서 영업하기 편하게, 많이 벌게 하겠습니다. 그러니 돈을 쓰는 것에 너무 뭐라고 하지 않으셨으면 좋겠습니다." 내 소개가 끝난 후 프랑스인 사장은 내게 "돈 쓴다는 얘기를 왜 했냐, 앞으로는 그러지 말라"며 뼈 있는 농담을 하기도 했다. 나는 솔직하게 내 생각을 얘기했을 뿐이다. 아무래도 사장은 비용을 많이 고려하던 당시 회사 분위기상 '돈을 쓴다'라는 말이 내심 거슬렸던 모양이다. 어쨌든 이후 결과가 좋았으니, 나는 '경솔했던' 내 말에 책임을 진 셈인데, 현장의 마케터뿐 아니라 직장인 대부분은 항상 비용과 관련해 이런 비슷한 고충을 겪는다.

　비용 없이, 아주 적은 돈으로 마케팅하는 일은 모든 사장님의 꿈이다. 솔직히 어디 사장님뿐일까? 현장 담당자들도 마땅한 방법이 없어서 그렇지 누구보다 그러길 바란다. 그만큼 어렵고 불가능한 일에 가깝다. 그런데 이 불가능해 보이는 일을 해내는 곳이, 생각보다는 '있다'. 애플을 말할 것 같으면, "또 그 소리야? 우리가 애플이야?"라는 소릴 듣기 쉬운데, 애플 말고도 여러 회사가 성공적인 경험을 이어가고 있다.

'중국산=저질'이라는 등식이 성립하는 우리나라 소비자들에게 비교적 관대한 대접을 받는 회사가 있다. 부담스러운 고가 제품의 대체재로서 주머니 사정이 열악한 젊은 층에게 선택받는 브랜드 샤오미^{Xiaomi}가 그것이다. '중국산' 라벨이 붙어 있지만, 싼 가격에다 흰색의 깔끔한 디자인을 갖춘, 이른바 '차플(차이나 애플이라는 뜻의 조어)'이라 불린다. 이 브랜드가 뭐 하는 브랜드인지 모르는 분이 있다면, 주변에 있는 보조배터리나 가습기, 공기청정기, 스마트워치, 스마트폰 등 '가성비'를 앞세운 전자제품들을 살펴보면 금방 발견할 수 있다. 대개 '큰 기대 없이 샀다가 그냥저냥 잘 쓰고 있다'는 평가를 받으며, 알게 모르게 우리 주변을 하나둘 채우고 있다.

그런데 놀랍게도, 샤오미의 매출은 2021년 기준 매출액이 62조 8,000억 원에 달했다. 이 돈이 얼마나 많은 돈인지 알려면 우리나라 가전 LG전자의 매출액을 보면 체감할 수 있다. 전 세계 백색가전의 최강자인 LG전자의 2019년 매출액이 56조 원이고, 2021년

> '중국산=저질'이라는 등식이 성립하는 우리나라 소비자들에게 비교적 관대한 대접을 받는 회사가 있다. 부담스러운 고가 제품의 대체재로서 주머니 사정이 열악한 젊은 층에게 선택받는 브랜드 샤오미가 있다.

매출액이 74조 원이니 비슷한 정도라고 이해하면 확실히 느낌이 온다. 샤오미의 TV 광고비는 얼마나 될까? 놀랍게도 0원이다. 거대한 팬덤의 대명사 애플조차도 신제품 출시 때마다 TV 광고를 집행하는데, 샤오미는 도대체 어떻게 된 일인지 단 한 푼도 쓰지 않는다. 그러면 샤오미 마케팅 조직은 무슨 일을 할까? 그들의 최우선 업무는 광고와 홍보가 아니라, 커뮤니티 관리다.

샤오미에는 미펀米粉이라는 사람들이 있다. 미펀은 직역하면 말 그대로 '쌀국수'라는 뜻이 되지만, 샤오미의 끝 글자 '미'와 팬을 뜻하는 '펀'을 장난 섞어 조합한 샤오미 팬 커뮤니티의 이름이 되었다. 이들이 샤오미 마케팅의 처음이자 끝이다. BTS에게 '아미ARMY'라는 충성스러운 팬클럽이 있는 것처럼, 미펀은 샤오미에 아미 같은 존재다. 여전히 중국인이 대다수지만, 전 세계에 걸쳐 무려 900만 명이 넘는 미펀들이 샤오미 제품을 열정적으로 구매하고, 제품 평을 나누고, 주변에 강력하게 권해주는 영업사원 역할까지 마다하지 않는다. 미펀의 시작은 자발적이었지만, 회사도 공식적으로 전 세계 미펀들에게 측면 지원을 아끼지 않는다.

매년 봄이면 미펀 축제를 열어 다양한 행사를 진행하고, 미펀들이 샤오미 제품을 더 싸게 살 수

미펀은 직역하면 말 그대로 '쌀국수'라는 뜻이 되지만, 샤오미의 끝 글자 '미'와 팬을 뜻하는 '펀'을 장난기 섞어 조합한 샤오미 팬 커뮤니티의 이름이다. 이들이 샤오미 마케팅의 처음이자 끝이다.

있는 혜택도 제공한다. 하지만 단순히 미펀들이 할인 혜택만으로
이 축제에 열광하는 것은 아니다. 신제품을 남보다 먼저 살 수 있는
'F 쿠폰'이라는 게 있다. 이 쿠폰이 있으면 3년간 1회에 한하여 신제
품을 우선 구매할 수 있는 혜택이 주어진다. 샤오미 신제품은 언제
나 줄서서 기다려야 살 수 있는데 이를 우선 구매할 수 있는 쿠폰은
정말로 큰 혜택이며 미펀들 사이에서는 절대 쿠폰인 셈이다.

더욱이 주목되는 점은 미펀들의 적극적인 참여를 유도하기 위해
커뮤니티 안에서 게임처럼 계급 사다리를 만들어 운영한다는 것이
다. 커뮤니티 활동, 즉 댓글이나 포스팅, 제품 구매 이력 그리고 오
프라인 마케팅 활동 참여 횟수를 토대로 등급과 엠블럼을 부여한다.
그러면 F 쿠폰을 가질 확률이 점점 더 높아지는 것이다.

바로 이 커뮤니티가 마케팅이고 자발적 고객센터이다. 제품이나
AS 관련해서 사람들이 커뮤니티에 글을 올리면 이른바 '고인물'들이
대답을 해준다. 자발적 고객센터를 자임하고 있는 셈이다. 마케팅 담
당자는 그저 소통의 판을 깔아주고, 많은 미펀들이 동의한 제안들을
실제 제품에 반영할지 등을 놓고 기술팀과의 논의 과정을 소상하게
피드백함으로써 커뮤니티에 대한 신뢰도를 높이는 일에 매진한다.

샤오미가 정답일 수 없고, 최고의 기술력을 가진 회사도 아니지만,
광고 마케팅을 해온 사람으로서 샤오미는 부럽기도 하고 눈여겨볼

대목이 많은 회사다. 소비자가 자발적으로 신제품을 기다려 구입하는 것은 물론, 선한 댓글을 남기고, 주변에 권유하며, 또 다른 신제품 아이디어를 제시하기까지 한다. 이런 긍정적인 인질들을 900만 명 넘게 가지고 있다는 것은 모든 기업이 부러워할 만하다. 막대한 광고 비용을 아낄 수 있고, 그 비용으로 제품 개발에 더 매진할 수 있으니 확실한 선순환 구조가 이어진다. 마치 복리에 복리를 붙여주는 정기적금 같은 돈이 되는 셈이다.

애플의 인질들은 스스로 인질로서 만족해한다. 그리고 스스로 인질이 될 만한 고급스러운 제품 속에서 산다는 느낌을 받는다. 마치 잘 꾸며진 집에 없는 게 없어서 굳이 외출할 필요가 없는 사람들처럼 도도하다. 하지만 샤오미는 좀 다르다. 애플보다는 좀 더 극성이며, 때로는 경박스러운 느낌도 든다. 그러나 샤오미와 애플의 제품 기술력과 기반 생태계를 고려한다면 샤오미의 전략은 옳아 보인다. 샤오미가 애플처럼 높은 기술력의 회사가 되기를 간절히 바라는 마음이 미펀 커뮤니티에 가득하다. 부족한 부분을 비난하기보다 걱정하고, 곧 따라잡으라고 응원한다. 미펀 커뮤니티는 재미있고 격렬하다. 나는 미펀은 아니지만, 그들을 응원한다. 힘내라 미펀.

막대한 광고 비용을 아낄 수 있고, 그 비용으로 제품 개발에 더 매진할 수 있으니 확실한 선순환 구조가 이어진다. 마치 복리에 복리를 붙여주는 정기적금 같은 돈이 되는 셈이다.

진심을 따르면,
이자가 붙는다

———

오늘날 소비 트렌드를 주도하고 있는 MZ 세대의 문법은 과거와 전혀 다르다. 1980년대생부터 2010년생까지 편의적인 기준으로 그들을 함께 묶는 것이 타당하냐는 지적은 있지만, 최소한 이들 세대에게서 공통된 특징은 보인다. 억지스럽거나 개연성이 떨어지는 것을 용납하지 않는다는 점이다. 그렇다 보니 그들을 상대로 마케팅할 때 가장 피해야 할 요소가 '어설픔'이다. 할 거면 제대로 하던지,

그들을 상대로 마케팅할 때 가장 피해야 할 요소가 '어설픔'이다. 할 거면 제대로 하던지, 어설프면 아예 안 하는 게 이들을 상대할 때 중간은 가는 것이다.

어설프면 아예 안 하는 게 이들을 상대할 때 중간은 가는 길이다.

2021년 〈오징어 게임〉이 전 세계를 강타했을 무렵, 전혀 비교될 것 같지 않은 두 식품이 출시되면서 애호인 사이에서 화제가 된 적 있다. 하나는 라면 식도락가들의 기대를 모으며 탄생한 'The미식 장인라면'이었고, 다른 하나는 애주가들의 기대를 한껏 모으며 출시한 '원소주'였다. 사실 두 제품은 서로 직접 비교할 대상도 아니고 경쟁 관계에 놓인 것도 아니었지만, 광고와 마케팅을 업으로 삼았던 내 눈에 극명한 대비점이 보였다.

이미 닭고기로 국내 시장을 평정한 하림은 꽤 오랜 시간 라면 시장 공략에 준비한 것으로 알려져 있었다. 종합 식품기업으로서 굳건히 자리를 잡기 위해서는 라면 시장이 필수이기 때문이다. 그런 배경에서 The미식 장인라면은 하림이 꽤 오랫동안 공을 들였던 신제품으로 큰 기대를 받고 시장에 출시됐다. 하림은 대대적인 출사표를 던지며 광고 모델로, 그 당시 단연 최고의 몸값을 자랑하던 이정재 씨를 섭외했다. 말쑥한 차림의 검은 셔츠를 입은 이정재 씨가 라면을 맛있게 먹는 그림으로 TV 광고를 송출했다. 하지만 광고는 너무나 익숙하고 예상 가능한 것들이 담겨 있었다. 기왕에 라면 시장의 파괴자가 될 작정이라면, 조금 더 파격적이면 어떨까 싶었다. 내

가 처음으로 광고 일을 시작했던 1996년도와 아무런 차이가 없었
다. 굳이 제품과 이정재 씨의 개연성을 찾자면, The미식 장인라면과
〈오징어 게임〉의 출시 연도만 같았을 뿐이다. 적지 않은 나이에도 여
전히 조각 같은 몸을 유지하며, 나트륨은 절대로 입에 대지 않을 것
같은 이정재 씨의 라면 먹는 모습을 보면서, 소비자들이 어떤 생각
을 떠올렸을지 의문이 들었다. 물론, The미식 장인라면은 '국물까지
다 먹는 라면'을 콘셉트로 기존 라면보다 나트륨 함량을 낮추고, 신
선한 재료로 만든 고급 라면을 표방했기에, 가장 '핫'하고 건강한 이
정재 씨를 모델로 섭외한 일이 그리 납득할 수 없는 것까지는 아니
었다. 하지만 적어도 한 가지 측면은 간과했다고 생각했다. 우리가
보통 라면을 먹는다는 건, 어느 정도의 나트륨을 감수하겠다는 뜻이
다. 말하자면, 건강해지려고 먹는 게 아니라 맛을 위해 먹는다. 특별
히 무언가를 준비해야 하는 번거로움 없이, 아주 간편히 맛있게 먹
을 수 있는 음식이 라면이기 때문이다. 건강을 끔찍이 챙기는 사람
은, 라면을 자주 먹지도 않을뿐더러 먹더라도 한 끼 제대로 먹고 동
네 한 바퀴 산책하면 그뿐이라고
여긴다. 나는 '건강한 라면'에 대
한 오랜 식품회사들의 열망이 항
상 실패했던 이유가 여기에 있다

적어도 한 가지 측면에서 어설프다고 생각했
는데, 출출해진 뱃속 달래려고 라면 한 끼 먹
는 그 순간 건강 떠올리는 사람이 얼마나 될
까. 맛있게 먹고, 동네 한 바퀴 뛰고 돌아오
면 그뿐이다.

고 생각한다. 다수의 소비자는 '건강'보다 '맛'으로 라면을 평가하는 것이다. 2,000원이 넘는 라면값도 부담이라면 부담이었다. 최근에 제로 콜라 붐이 일고 있는데, 제로 콜라는 그나마 값이 일반 콜라와 크게 다르지 않고, 맛도 비슷하다. 진짜 차별화는 비슷한 가격대를 유지하며, 건강을 챙길 수 있어야 하는 것이다. 그렇지 않다면, 요즘 뜨는 모델을 쓰고, 그 모델이 제품을 먹고, 그걸 TV로 광고하는 과거의 문법과 무엇이 다른지 알 수 없다. 결과는 어땠을까? 시장 점유율 1퍼센트 미만이라는 초라한 결과물을 얻어야만 했다. 물론, 나는 식품 시장에 진심인 하림이 라면 시장에서도 성공하기를 바란다. 하지만 새로운 표준이 된 문법에 맞는 관점을 취하지 않는다면 실패할 확률이 높다는 점만큼은 분명히 기억해야 한다.

반대로, 같은 시기, 다른 문법을 시도한 것이 박재범의 원소주였다. 한창 '힙'한 연예인이, 그것도 자신의 이미지와 무관하게 소주를 만들어 파는 것 자체가 워낙에 화제가 되기도 했지만, 출시 이전부터 각종 게시판에는 원소주 출시와 관련한 정보들이 자발적으로 올라왔다. 그 결과는 돌풍 그 자체였다. 원소주는 '오픈런'과 '1분 컷'이라는 키워드로 정리된다. 더

소주에 진심이었던 원소주는 스토리에 더해 네이밍, 패키지, 라벨 디자인까지 철저히 '인스타그래머블'하게 기획되었다.

현대에 만든 팝업스토어에는 사람들이 백화점 오픈전부터 줄을 섰고, 온라인 판매도 1분 만에 완판됐다. 게다가 당근마켓에서 원소주 공병이 거래될 만큼 핫템으로 자리 잡았다. 소주에 진심이었던 원소주는 스토리에 더해 네이밍, 패키지, 라벨 디자인까지 철저히 '인스타그래머블'하게 기획되었다.

내가 먼저 알게 되어 즐겁고, 공유할 만한 가치 있는 내용이 넘쳐난다. 그렇다 보니 광고가 없어도 사람들이 찾아보고, 따라하고, 공유하며 그렇게 브랜드를 향유하는 것이 '요즘 문법'이다.

원소주의 성공은 여러 복합적이고 유기적인 결과물이었다. 특히, 박재범의 소주에 대한 진심이 가장 큰 성공의 요인이라고 믿는다. 그 진심은 2019년 'soju'라는 노래로 이미 표현되었고, 박재범은 원소주 출시 몇 년 전부터 박재범식 소주를 만들어보겠다고 공공연히 팬들에게 이야기해왔다. 이 진심이 제품과 마케팅에 녹아들었고, 그 진심이 팬들과 소비자들에게 고스란히 전해졌다고 생각한다. 'Soju'라는 노래를 들어보면 원소주 출시를 위해 치밀하게 준비된 노래라고 느껴지지는 않는다. 박재범이 소주를 어떻게 생각하는지가 느껴진다. 더욱이 음악도 뮤직비디오도 힙하다. 모든 것이 '박재범스럽'다. 그래서 진정성이 더 크게 전해진 것이다.

원소주는 오늘도 통하는 요즘 문법이다. 네이밍, 라벨, 패키지 등 MZ 세대가 흥미를 느끼고 좋아할 만한 스토리와 의미를 담아냈다. 내가 먼저 알게 되어 즐겁고, 공유할 내용이 넘쳐난다. 광고가 없어도 사람들이 찾아보고, 따라하고, 공유하며 그렇게 브랜드를 향유하는 것이 '요즘 문법'이다.

'요즘 문법'의 원조는 BTS다. 그들은 그렇게 빌보드 1위가 되었다. 아이돌 그룹 데뷔의 교과서 같은 방식을 거부하고, 대형 방송에서 데뷔할 수 없는 핸디캡을 유튜브 소통을 통해 극복했다. 소속사의 힘으로 빠르게 예능을 접수하며, 팬을 모으는 방식으로 팬덤을 형성하지 않았다. 이제는 국내 1위 대형 기획사가 되었지만, BTS가 방탄소년단이라는 이름으로 데뷔했을 때만 해도 빅히트 엔터는 작은 연예 벤처 기획사에 불과했다. 멤버 각자가 철저한 연습으로 데뷔를 준비했고, 비주얼 멤버와 보컬 멤버를 인위적으로 나누지 않고, 모두가 노래와 춤을 최상급 퍼포먼스로 보여줄 수 있는 실력을 갖추었다. 그리고 팬들과 적극적으로 소통하는 SNS 활동으로 강력한 팬덤인 '아미'와 함께 무럭무럭 성장했다. 그들은 그렇게 세계 1등이 됐다. 아미의 팬덤은 '오빠'들에 대한 덕후가 아니라, BTS의 성공을 같이 만든다는 자부심으로 뭉친 서포터스였다. 빌보드 차트 1위를 했던 날, 그들의 행보에 답이 있다. 회사 스태프들과 술자리를 만들며 자축한 것이 아니라, 팬들과 랜선 파티를 연 것만으로도, 성공의 결과가 본인들의 것만이 아닌 아미와 함께 이룬 것이라 말하지 않던가. 그게 새로운 문법이고, 그 문법의 중심에는 진심이 있다.

중요한 건,
'값'이 아니라
'행간'이다

가끔 우리가 트렌드에 지나치게 민감하게 구는 건 아닌지 생각이 들 때가 있다. 정확하게 말하면 유행에 민감한 것 자체가 아니라, 유행이 지났다 싶으면 더는 관심을 두지 않는 관행이 조금은 안타깝게 느껴져서다. 트렌드라는 외피에 보이는 새로운 용어 자체만 열광적으로 소비하고, 본질을 파악하는 데 소홀한 게 아닌가 싶다. 블록체인blockchain과 암호화폐가 대표적이다. 사실 이것들은 불과 1년 전만해도 대세였지만, 암호화폐 시장이 차갑게 식어 용어 자체가 진부화되면서 사람들의 관심 밖으로 멀어져갔다. 그런데 암호화폐와 블록체인 기술이 투자로서의 의미가 부침을 겪고 있지만, 앞으로 전개될 마케팅 등 우리의 삶을 바꿀 유의미한 측면들만큼은 반드시 고려해야 한다.

> 암호화폐와 블록체인 기술이 투자로서의 의미가 주목받았지만, 앞으로 전개될 마케팅 등 우리의 삶을 바꿀 유의미한 측면들이 많다.

예를 들어, NFT는 코인 투자의 관점보다 활용 측면에서 지속해서 주목해야 하는 기술이다. NFT의 대중화가 확산하며 붐을 일으킨 것은 2021년부터다. 팬데믹이 전 세계를 뒤덮던 무렵 블록체인에 관심이 높아지면서 NFT가 디지털아트에 대한 일종의 저작권 표식으로 대중들에게 알려졌다. 기존 저작자들이 NFT를 통해 미술, 음악 등 디지털아트 작품활동을 하고, 이 NFT가 팬데믹을 기회로 고가에 판매되기 시작한 것이다. 대표적으로, 2021년 2월 인터넷 밈에 불과했던 냥캣Nyan Cat이 60만 달러에 거래되고, 그해 3월 미국의 사진작가 비플Beeple이 2007년부터 매일 그린 디지털아트 5,000점을 모아 NFT로 제작한 'Everday: The first 5,000 days'가 크리스티 경매에서 6,930만 달러, 우리 돈으로 약 900억 원에 낙찰되는 일대 사건이 일어났다.

그렇게 NFT가 붐을 일으키게 되면서 NFT의 시초 격인 라바 랩스Larva Labs의 다소 익살스러운 캐릭터 크립토펑크Cryptopunks가 크게 주목

값비싸고 희귀한 NFT를 프로필 이미지로 활용하려는 사람들의 과시욕과 온라인 공간에서 그전까지 딱히 과시할 방법이 없었다는 점이 절묘하게 결합해, NFT 가격은 천정부지로 뛰었다.

을 받게 되는데, 특히 미국의 유명인 사이에서 크립토펑크가 트위터 프로필로 쓰이면서 크게 유행된다. 이때부터 NFT는 디지털 자산뿐만 아니라, 현실 세계로 나오게 되고 다른 쓰임새로 활용된 것이다. 값비싸고 희귀한 NFT를 프로필 이미지로 활용하려는 사람들의 과시욕과 온라인 공간에서 그전까지 딱히 과시할 방법이 없었다는 점이 절묘하게 결합돼, NFT 가격은 천정부지로 뛰었다. 딱히 어른들이 이해할 수 있는 세계는 아니었지만, 오프라인 공간에서 롤렉스를 차는 이유와 같이 온라인 공간에서 비싼 NFT를 프로필 이미지로 쓰려는 수요가 상당했다. 이로써 NFT가 발상의 전환으로 다양하게 소비될 수 있다는 점이 증명된 것이다.

NFT가 큰 붐을 일으키게 된 것에는 코로나의 영향이 컸다. 사회적 거리 두기로 인해서 사람 간의 물리적 접촉이 없어지면서 가상세계인 메타버스에 대한 논의가 활발히 진행되었고, 코로나가 계기가 되어 메타버스 시대로 좀 더 일찍 접어들게 될 것이라는 전망이 우세했다. 더군다나, NFT 없이 메타버스가 그 자체로 존재할 수는 있어도, 메타버스에서 정체성^{identity}을 증명하기 위해서는 NFT가 필요했다. 즉, 희소성을 무기로 한 투자 대상으로서 주목받기 시작한 것이다. 그 후 2022년, 코로나

NFT는 같은 것이 없다. 모두 다르다. 따라서 희소성이 있다. 그리고 NFT를 가졌느냐와 그렇지 않느냐에 따라 완벽한 배타성이 생겨난다. 커뮤니티 충성도를 활용한 마케팅 문법에 완벽하게 부합한다.

가 종식되는 분위기로 접어들면서 거품도 크게 잦아들었다. 하지만 온라인 세상에서 단 하나뿐인 나의 존재를 증명하고, 과시할 도구로서 NFT의 가치는 여전히 유의미할 뿐 아니라, 오히려 더 주목해야 할 대목이 많다. 특히 앞으로 전개될 일과 마케팅 측면에서 그렇다.

NFT는 같은 것이 없다. 모두 다르다. 따라서 희소성이 있다. 그리고 NFT를 가졌느냐와 그렇지 않느냐에 따라 완벽한 배타성이 생겨난다. 특히 내가 앞에서 강조했던 커뮤니티 충성도를 활용한 마케팅 문법에 완벽하게 부합한다.

이를테면, 아디다스는 2021년 '인투 더 메타버스(Into the Metaverse)'라는 프로젝트를 통해 3만 개의 NFT를 출시해 약 2,300만 달러를 벌여들었다. 아디다스는 NFT 만화 컬렉션 '지루한 원숭이들의 요트 클럽^{Bored Apes Yacht Club, BAYC}'을 만든 유가랩스^{Yuga Labs}와 다양한 만화 소재를 NFT로 재창조한 '펑크스 코믹^{PUNKS Comic}', NFT 수집가 '지머니

Gmoney'와 협업해 '인투 더 메타버스 NFT'를 출시했다. 구매자가 후드티, 운동화 등 아디다스의 실물 상품과 디지털 상품을 모두 소유할 수 있도록 한 것이다. 아디다스는 이를 개당 0.2이더리움, 약 765달러, 당시 우리 돈 90만 원에 판매해 270억 원 이상을 벌어들였다.

아디다스뿐 아니라 나이키도 이미지 중심의 NFT 거래소인 오픈씨OpenSea에 '덩크 제네시스 NFT 운동화'를 판매했고, 마찬가지로 반응이 뜨거웠다. 나이키는 2021년 가상패션 스타트업 아티팩트RTFKT를 인수하는 한편, 이후 디지털 운동화를 발매하기도 했다. 운동화는 출시 후 보름 만에 1만 개 이상이 팔려나갔다. 가상화폐인 이더리움 결제 기반으로 형성된 NFT 운동화의 가격은 한때 200만 원에서 500만 원 사이를 형성하기도 했다. 이 NFT 운동화는 현실에서 신을 순 없다. 로블록스Roblox나 제페토ZEPETO 같은 메타버스 공간 내에서 아바타가 착용하거나, 스마트폰 증강현실을 통해 발을 비출 때 구현되어 SNS에 올릴 수 있다. 현재 나이키는 NFT 운동화를 구매할 때, 현실에서 착용할 수 있는 실물 운동화도 함께 제공하는 방식의 온-오프라인 연동 서비스를 계획 중에 있다. 이 두 사례는 NFT가 마케팅 도구로 현실화되는 과정을 잘 보여준다. 게다가 최근 NFT 시장이 위축된 분위기 속에서도 이 두 기업이 또 다른 NFT 프로젝트로 확대하는 행보를 하고 있다는 점은 특히 주목해야 할 대목이다. 지

금의 침체는 경기 순환의 과정이지 NFT 시장의 종말이 아니라고 보
는 것이다. 따라서 나는 좀 더 적극적이고 생활형 마케팅에 NFT를
활용할 방법을 미리 준비해야 한다고 생각한다.

불과 몇 년 후, 패밀리 레스토랑이나 음식 프렌차이즈는 '배달 앱'
에만 전적으로 의지하지 않을 것이다. 물론, 번거롭게 인쇄물을 제작
해, 집집 문마다 붙이고, 유동인구 많은 동네 어귀 사거리에서 전단
지를 나눠주지도 않을 것이다. 그 대신에 4만 원어치 음식을 주문할
수 있는 3만 원권 NFT 1,000개를 발행해 지역 소비자들에게 판매할
것이다. 주문 이력이 고스란히 NFT에 기록되고 충성도 높은 단골손
님에게는 차별화된 멤버십 서비스가 제공된다. 수수료가 사라진 음
식점은 합리적인 가격대로 맛있는 요리를 제공하고, 소비자는 값싸
고 맛있는 피자를 먹을 수 있다. NFT를 구매한 사람들은 그 피자집
의 팬이 되고 자연스럽게 커뮤니티를 형성하게 된다. 특별히 광고하
지 않아도 된다.

초기 NFT의 가치가 단지 디지털아트의 재화에 대한 가치였다면,
앞으로는 커뮤니티 형성과 팬덤
창조의 수단이 될 거라고 생각한
다. 과거의 팬덤은 커뮤니티 가

**불과 몇 년 후 패밀리 레스토랑이나 음식 프
렌차이즈는 '배달 앱'에만 전적으로 의지하
지 않을 것이다.**

**우리가 주목해야 하는 것은 지금의 기술이
아니라 그 기술이 향하는 방향이다.**

입으로 시작되었으나, 앞으로는
NFT 구입으로 생성될 가능성이
크다. 기술적으로 풀어야 할 난
관은 여전히 남아 있다. 하지만 우리가 주목해야 하는 것은 지금의
NFT 가격이 아니라 그 기술이 향하는 방향이다. 남과 확실히 구별
되는 점, 동시에 그런 사람들이 좋아서 자발적으로 모인다는 점, 훗
날 이 두 가지가 일과 마케팅의 지향점이 될 거라 믿는다.

양 떼는
좋은 목장에서
탈출하지 않는다

———

광고 촬영차 방문했던 인연으로 대관령 삼양목장을 종종 찾는다. 같은 이유로 방문했던 호주와 뉴질랜드의 광활한 목장들에 비하면 그 규모가 작지만, 삼양목장도 탁 트인 시야만큼은 이들 목장에 부족함이 없다. 저 멀리 웅장하게 내뻗은 백두대간 위 거대 바람개비와 구름을 배경 삼아 초록 위에서 한가로이 풀을 뜯는 양 떼를 보자면, 그 장관에 잠시나마 복잡한 세상의 근심이 사라진 듯 느껴진다. 문득 이 드넓은 목장이 회사가 추구해야 할 궁극적인 지향이 아닐까 생각해본다.

내 편이 되면 제품이 뭐가 좋은지, 왜 사야 하는지 구구절절 큰 비용을 써가며 설명할 필요가 없어진다. 내 편이 되면 무의식적으로 자연스럽게 나와 내 제품을 좋아하고, 사주고, 내가 어려울 때는 내 편을 들어주며 대신 싸워주기도 한다.

인류는 진화 측면에서 항상 조금이라도 생존에 도움이 되는 방식으로 선택해왔다. 생존을 위해 사냥을 했고, 도구를 만들어 쓰기 시작했다. 석기에서 청동기로, 혼자 하던 사냥에서 무리를 이루는 사냥으로, 칼과 화살로 뛰어다니며 잡던 사냥에서 덫을 놓고 기다리기에 이르렀다. 시간이 지나면서 점차 그마저도 위험하고 비효율적이어서, 가축을 우리에 키우는 목장을 선택했다. 기업도 마찬가지였다. 제품의 장점을 광고라는 도구로 소비자를 사냥하려고만 했다. 마치 덫을 놓고 기다리는 사냥꾼들처럼 다양한 매체에 광고를 매설해 소비자가 반응하기만을 기다렸다.

나는 기회가 될 때마다 개인과 기업의 최종 목표가 내 편을 만드는 것이라고 입이 닳도록 말하곤 하는데, 내 편이 되면 제품이 뭐가 좋은지, 왜 사야 하는지 구구절절 큰 비용을 써가며 설명할 필요가 없어서다. 내 편이 되면 그냥 무의식적으로 자연스럽게 나와 내 제품을 좋아해주고, 사주고, 내가 어려울 때는 내 편을 들어주며 대신 싸워주기도 한다. 심지어 다른 친구까지 내 편으로 이끌어주기도 한다.

지금까지 우리는 사냥에 익숙해 있었지만, 이제는 목장의 시대로

가고 있음을 인정해야 한다. 그것
도 비좁은 곳에 가둬놓고 잡아먹
을 만큼만 먹이를 주는 속 보이는
목장이 아니라, 탁 트인 시야에서
자유롭게 풀을 뜯을 수 있는 목장
이다. 소비자를 속이고 유인하는 마케팅에서, 내가 원하는 방식으로
생각하고 내 브랜드 안에서 평화로이 풀을 뜯고 만족스러워서 도저
히 목장 밖으로 나갈 생각이 없고, 심지어 목장 밖 야생 양도 목장으
로 함께 끌어들이는 착한 양, 그 양을 모는 양치기가 기업의 마케터
역할을 할 것이다.

> 그 목장에는 유유히 풀을 뜯는 양처럼 내 제품을 향유하는 고객이 들어차 있다. 좋은 양치기라면, 깨끗하고 풍부한 풀과 물이 많이 있는 곳으로 양들을 몰아 살찌우고, 저녁이면 안전한 우리로 다시 데리고 들어와야 한다.

　그러자면 탁 트인 목장이 필요하다. 양들, 아니 소비자들이 몰려와
즐길 수 있는 그런 목장이 필요하다. 내 브랜드 페이지, 내 브랜드 소
셜미디어, 내 제품의 커뮤니티가 내 목장의 역할을 할 것이다. 그 목
장에는 평화롭게 풀을 뜯는 양처럼 내 제품을 향유하는 고객이 들어
차 있다. 좋은 양치기라면, 깨끗하고 풍부한 풀과 물이 많이 있는 곳
으로 양들을 몰아 살찌우고, 저녁이면 안전한 우리로 데리고 들어와
야 한다. 늑대가 들끓는 외부와 차단하고, 혹시 나간 양이 있다면 찾
아서 데리고 들어와야 한다. 말 그대로 사냥꾼의 역할에서 변신한
양치기는 양을 키우고 보호하는 역할을 해야 한다.

하지만 문제는 덫을 놓았던 사냥에만 익숙했던 기업들이 오히려 양을 상대하는 것을 두려워한다는 점이다. 양들이 모여서 소리를 내는데도 왜 울음소리를 내는지 알지 못한다. 오랜 시간 덫을 놓고 창을 던지며 활만 쏠 줄 알았던 기업이 고객을 보듬어주고 보살피는 데 익숙지 않은 것이다.

2016년, 르노삼성자동차는 기존 베스트셀러 중형 세단 SM5에 추가해 프리미엄 중형 세단 SM6를 출시했다. 이미 탈리스만^{Talisman}이라는 이름으로 유럽에서 먼저 출시되어 화제가 된 상태였고, 그 소식을 접한 소비자들은 같은 자동차가 출시되기만을 손꼽아 기다렸다. 디자인에 관한 호감도 매우 높았고, 현대기아차의 대항마를 찾던 소비자들도 큰 기대를 했다. 차가 출시되자 호불호 없이 모두가 만족하는 디자인에 사람들은 열광했다. 하지만 전혀 다른 곳에서 SM6의 발목이 잡혔다. 바로 뒤쪽 서스펜션에 '멀티링크'가 아닌 '토션빔'을 적용했다는 것이 알려지면서였다. 멀티링크와 토션빔은 장단점이 명확하다. 경쟁사인 현대나 기아에서는 중형급 승용차부터 (준중형까지는 토션빔을 쓴다) 멀티링크 시스템을 쓴다. 멀티링크 시스템

문제는 덫을 놓았던 사냥에만 익숙했던 기업들이 오히려 양을 상대하는 것을 두려워한다는 점이다. 양들이 모여서 소리를 내는데도 왜 울음소리를 내는지 알지 못한다.

의 장점은 부드러운 승차감이다. 단점은 부피가 커서 공간 활용이 어렵고 비싸다는 점이다. 토션빔은 같은 세팅 값이라면 멀티링크 대비 승차감은 좀 떨어지지만, 대신 차지하는 공간이 적어 공간 활용이 비교적 쉽고 비용도 저렴하다.

그 당시 네이버에는 이미 SM6 동호회 카페가 만들어져 있었고, 세련된 디자인에 매료돼 있던 많은 팬이 그 동호회에 모여 열광할 준비가 되어 있었다. 하지만 토션빔 논란이 터지면서 커뮤니티 여론은 곧바로 부정적으로 돌아섰다. 마침 SM6 출시 광고를 준비하던 나는 제품 사전 설명회 때 토션빔이 사용된다는 소식을 접한 터였다. 생산 관계자의 얘기는 토션빔이 상대적으로 30만 원 정도 저렴한 것은 맞지만, 단지 이 비용 절감만을 이유로 토션빔을 적용하지는 않았다는 것이었다. SM6의 역동적 주행과 균형감을 위해서, 그리고 공간에 민감한 국내 소비자들을 겨냥해 뒤쪽 공간을 활용하기 위해 토션빔을 적용했다고 설명했다. 게다가 출시가도 경쟁 차들에 비해 저렴하게 나왔다는 점을 고려하면, 그의 말에 설득력은 있었다.

하지만 문제는, 동호회와 여러 커뮤니티에 토션빔과 관련한 부정적인 글이 도배되다시피 했음에도, 그 누구도 왜 토션빔을 채택해야 했는지 설명하는 옹호 댓글이나 입장표명을 하지 않았다는 점이다. SM6는 유럽에서 중형차 판매 1위를 기록했던 만큼 큰 기대를 모

동호회는 핵심 소비층이다. 기본적으로 제품에 관심이 크고, 기다리고 응원할 준비가 되어 있는 사람들이 모여있는 곳이다.

으면서 출시되었으나, 토션빔 이슈에 제대로 대응하지 못하면서 제대로 된 승부를 겨뤄보지도 못한 채 주저앉고 말았다. 나는 르노삼성자동차 관계자들에게 내가 확인한 사용자들의 여론을 환기하고, 동호회와 카페에 진심으로 납득할 수 있는 게시글이나 댓글을 달아달라고 부탁했다. 하지만 르노삼성자동차는 오히려 이슈가 더 불거지는 것을 두려워했다. 물론 일반 소비자가 모두 동호회에 가입하는 것은 아니고, 모든 사람이 부정적 여론을 곧이곧대로 받아들이지 않는다. 하지만 동호회는 핵심 소비층이다. 기본적으로 제품에 관심이 크고, 기다리고 응원할 준비가 되어 있는 사람들이 모여 있는 곳이다. 적어도, SM6를 응원하는 사람들에게 자부심까지는 아니더라도 제대로 된 설명을 해줄 의무가 있었다. 열에 셋이라도 그 설명을 이해하고 받아줬다면, SM6의 입장에서 우리 편이 되어주었을 것이다. 결국, SM6는 '이쁜 쓰레기'라는 씁쓸한 별명을 얻고 그렇게 무너져갔다.

담당자이기도 했지만, 한 명의 자동차 동호인으로서 나는 그게 참으로 아쉬웠다. SM6는 그 아름다운 디자인 덕분에 6,000명이 넘는 팬이 모였지만, 그걸 효과적으로 활용하지 못했다. 좋은 소문을 내주고 추천해줄 양들을 적으로 돌렸다. 양치기가 양들을 두려워한 나머지 쫓아낸 셈이다.

내가 아는 지인 중에는 배우 이민정 씨가 있다. 이민정 씨는 개인적으로 동문 후배이기도 해서 골프를 함께하거나, 영화 관객 인사 때 참석해서 응원하곤 한다. 여느 유명한 배우들처럼 그녀도 인스타그램에 100만 명이 넘는 팔로워를 가진 슈퍼 셀럽이다. 그녀는 인스타그램 피드에 달린 댓글에 본인이 직접 글을 남기며 팬들과 소통하는 데 거리낌 없다. 그녀의 남편이자 배우 이병헌 씨의 인스타그램에도 간혹 쿨하지만 재미있고, 엉뚱하지만 사려 깊은 댓글을 남기기도 한다. 팬들은 그런 매력에 그녀의 댓글에 열광하고 그걸 다시 캡처해서 또 다른 팬들과 공유한다. 그렇다 보니 팬들은 그녀의 인스타그램에 피드가 올라오면 또 어떤 재미있는 댓글이 달렸을까 찾아보게 되며, 그녀에 대한 팬심도 깊어진다. 이 시간이 길어지면, 배우와 팬 사이 이해의 깊이가 더해지며, 함께 나이 들며 겪게 되는 인생의 희로애락을 진심으로 나누게 될 것이다. 항상 강조하는 말이지만, 내 편의 소중함은 어려운 일에 닥쳤을 때 깨달을 수 있게 된다. 그런 의미에서 배우 이민정 씨는 아름다운 목장을 가꾸고 있는 셈이다.

목장 마케팅은 이처럼 브랜드가 만든 목장에서, 즐겁게 지내고, 그 목장 마케팅은 브랜드가 만든 목장에서, 즐 겁게 지내고, 그 안에서 브랜드와 소통할 수 있게 해주는 마케팅이다. 그런 맥락에서 회 사와 고객이 서로 마주 서는 기존의 커뮤니 티 마케팅과는 궤가 다르다.

안에서 브랜드와 소통할 수 있게 해주는 마케팅이다. 그런 맥락에서 회사와 고객이 서로 마주 서는 기존의 커뮤니티 마케팅과는 궤가 다르다. 소비자의 관점에서 스스로 목적이자 대상으로 느껴져 거부감이 들면 안 된다. 그러기 위해서는 관점이 달라져야 한다. 하나의 제품에 목숨 걸지 않고, 전체 브랜드에 집중하는 것이다. 질 좋은 건초더미가 풍부하고 뛰어놀기 좋은 드넓은 목장을 버리고 갈 양은 없다.

───

광고는 내게
'해내는 감각'을
일러주었다

───

26년간 나는 광고와 마케팅이라는 '일'을 했다. 광고는 여타 다른 영역으로 보일 수 있겠지만, 결국 이것도 여느 보통 사람들이 하는 일이다. 필요로 하는 능력이 조금 다를 뿐, 우리는 모두 일한다. 따라서 저마다 일에 관한 생각과 철학을 달리할 수는 있어도, 일을 대하는 자세나 생각에는 특출난 것이 없다. 이는 내가 광고, 마케팅 일을 하면서 가장 필요하다고 느꼈고, 또 내가 부족해서 더 신경 썼던 부분들이었다. 크든 작든 목표가 있어야 하고, 일이 궁극적으로 결과 지향적이어야 한다는 것이었다. 일은 하는 행위가 목표가 아니라 해내는 완결을 목표로 두어야 한다. 목표로 움직이고 결과로 완성되는 것이다. 현장에서 수많은 일이 목표로 향하지 않거나, 결과로 완성되지 않고 그 주변에서 머물거나 쏟아진 채 방치되는 걸 자주 봐왔다. 마치 투수가 포수 쪽으로 공을 던지고는 투수라는 일을 마쳤다고 생각하는 것과 비슷하다. 투수는 타자를 상대해서 이기는 일을 해야 하는 사람이다. 일을 '한다'와 '해낸다'는 이 두 글자의 차이는 결과라는 측면에서 엄청나게 다르다. 우리는 모두 시간을 쓰고, 에너지와 스트레스를 쏟아내며 일을 한다. 그 모든 시간과 에너지의 총합을 가치 있게 만들기 위해서라도 하는 것에 머물지 말고, 해내야 한다.

광고는 나에게 참 다양한 '해내야 하는' 삶을 요구했다. 책을 쓰며 광고대행사에 있던 동안 내가 담당했던 브랜드를 세어보았다. 세어보니 대략 스무 개가 넘는 정도 브랜드였다. 사실, 이 정도면 광고대행사에서는 꽤 적은 수에 속한다. 왜냐면, 내 경우 두세 브랜드를 꽤 오래 담당했기 때문이었다. 현대자동차, 맥도날드, 르노삼성자동차 등을 맡아 짧게는 3년, 길게는 15년을 담당했으니 브랜드 접촉이 많았다고 할 수 없다. 아마 나와 비슷한 경력의 다른 광고인이라면, 적게는 30여 개에서 많게는 50여 개 정도 브랜드를 담당했을 것이다. 나는 내가 담당하는 브랜드의 일원이 되어 삶을 살았다. 르노삼성자동차를 광고할 때는 그들의 타깃인 사람들이 어떤 삶을 사는지, 어떤 가치관을 가졌는지, 차에 관해 무엇을 기대하고 바라는지를 24시간 머릿속에 그리며 살았다. 그래서 5년간 맥도날드를 광고할 때는 참 힘들었다. 평소 햄버거는 거의 입에 대지 않는 토종 입맛을 가졌음에도, 맥도날드 햄버거를 하루에 한 개꼴로 먹어야 했다. 특히 내가 재직한 대행사가 맥도날드 본사 건물에 입주해 있었고, 더군다나 1층에 맥도날드 매장이 자리하고 있었으므로, 5년간 평생 먹고도 남을 햄버거를 먹었다. 그렇게 차를 선택하는 사람들의 욕망을, 햄버거를 선택하는 사람들의 욕망을 읽어야 했고, 그것이 내 욕망인 양 여기며 살았다. 골든블루 위스키를 담당하게 되었을 때는 술 좋아하는 사람들의 삶을, 블랙야크를 맡았을 때는 굳이 힘들게 산에 오르려는 사람들의 마음에 기웃거리며 살았다. 이게 내가 일을 해내는 방식이었다.

내 아내는 SBS 공채 1기 출신 연기자다. 그런 덕분에 대학강단과 대중강연을 통해 연기론을 강의하는데, 그 강연자료를 보면 공감되는 내용이 있다. 특히, 연기자가 타인의 삶을 대신 살고 표현하지만, 거기서 빨리 빠져나올수록 베테랑이 된다는 대목이다. 배역을 맡는 순간부터 마지막 촬영까지는 배역의 삶을 살아야 하지만, 일단 촬영이 끝나면 그 삶에서 재빨리 빠져나와야 한다. 그렇지 못하면 건강한 배우의 삶을 살기 힘들다는 게 내 아내의 말이었다. 나는 연기자가 아니었지만, 나 역시도 여러 다른 브랜드의 일원이 되어 각기 다른 사람들의 마음과 삶을 배우고 훔쳐보며 살아야 했다. 그렇다 보니, 특정 브랜드의 시선으로 고착되어 사람의 마음을 해석하는 것은 아닌지 항상 경계하며 지낸 시간도 있었다. 그래서 나는 '재빨리 빠져나와야 한다'는 아내의 말을, 무엇 하나에 고착되지 말아야 한다는 경계로 이해한다. 어떤 브랜드 틀 안에서 일을 해도 업계의 법칙 혹은 관행에서 벗어나 다른 영역으로 시선을 넓혔을 때 결과도 좋았고, 더 많은 영향력을 만들 수 있었다.

광고는 내게 사람이 정말 귀하다는 걸 새겨주었다. 내가 일을 해내는 데 가장 중요한 가치였다. 여러 다양한 사람의 생각과 욕구, 가치관 등을 알고자 애쓰다 보니 사람이 어려웠지만, 그 과정에서 참으로 귀하다는 진리를 다시금 깨달을 수 있었다. 제품의 시대에서 사람의 시대로, 통찰의 시대로, 디지털 전환의 시대로 진화하고 변화할수록, 그 중심을 꿰뚫는 진리는 사람의 마음, 진심이었다. 첨단 기술보다 사람의 마음을 사는 기술이, 현란한 화술보다 어눌해도 진심 어린 문법이 먹힌다는 걸 알려주었다. 광고주도, 같이 일하는 동료도, 우리를 도와 함께 광고를 만드는 협력사도 귀한 사람들의 집합이었고, 그 집합의 결과로 좋은 광고가 만들어졌다. 혼자 해낼 수 있는 건 없었다. 협력할 조직이 필요했고, 그 조직이 원활해지려면 누가 하더라도 평균 혹은 평균 이상의 결과가 도출되는 좋은 프로세스가 필요했다. 그때 중요한 것이 사람이었고, 나와 그들의 마음가짐이었다.

나는 이 모든 것을 광고를 통해 배웠다. 광고비전공자였던 나는 광고를 모두 현실로 배웠어야 했다. 제법 빠른 눈치로 적응해나가기는 했지만, 이론적 바탕이 없던 터라 입사 후 첫 두 달 동안 몰아치기라도 배운 것이 참 도움이 되었다. 그리고 기획과 제작 전반을 대한민국 광고계에서 인정받고 존경받는 두 분께 배울 수 있었다. 금강기획 신입 시절 팀장님께는 광고기획자의 자질과 업무를 배웠다. 그분은 훗날 이노션의 초대 사장이 되신 박재범 사장님이었는데, 이론적, 실무적으로 완벽한 광고기획자셨다. 그분께 배운 내용은 여전히 내 머릿속에 또렷이 기억될 만큼 강하게 박혀 있다. 또 한 분은 대한민국 최고의 광고인이자 크리에이터 박우덕 사장님이다. 그분과 함께한 7년은 광고인이라면 누구나 부러워할 보석 같은 시간이었다.

끝으로, 이 책을 쓸 수 있도록 권해주시고 한결같이 나를 믿고 지지해주시는 최재붕 성균관대학교 부총장님, 삶을 대하는 태도에 관해 아낌없는 조언을 해주시는 한국관광공사 이재환 부사장님, 글 한 꼭지마다 무한한 칭찬으로 나를 지치지 않게 해주신 뮤지엄 컨텐츠 강최희 대표님, 그리고 초보 저자와 함께 고투해주신 북인어박스 김형필 대표님, 그리고 그 누구보다 언제나 내 편을 자처하며 나를 응원해준 사랑하는 아내에게 고마움을 전하고 싶다.

신철상